U0149195

紐約觀察站
當代時事評論

郭宣俊著

文 學 叢 刊

文史哲出版社印行

國家圖書館出版品預行編目資料

紐約觀察站：當代時事評論 / 郭宣俊著 --
初版 -- 臺北市：文史哲, 民 99.03
　　頁；　　公分（文學叢刊；233）
ISBN 978-957-549-888-7 (平裝)

1. 經濟政策 2. 經濟發展 3. 時事評論
4. 文集 5. 美國

552.527　　　　　　　　　　　　99002919

文 學 叢 刊　233

紐約觀察站：當代時事評論

著　　者：郭　　　宣　　　俊
出 版 者：文 史 哲 出 版 社
http://www.lapen.com.tw
e-mail：lapen@ms74.hinet.net
登記證字號：行政院新聞局版臺業字五三三七號
發 行 人：彭　　　正　　　雄
發 行 所：文 史 哲 出 版 社
印 刷 者：文 史 哲 出 版 社
臺北市羅斯福路一段七十二巷四號
郵政劃撥帳號：一六一八〇一七五
電話886-2-23511028・傳真886-2-23965656

實價新臺幣二八〇元

中華民國九十九年（2010）三月初版

ISBN 978-957-549-888-7　　　08233

序

樂　炳　南

　　本書作者郭宣俊先生央請我為之作序，這無異是「逼著黑頭，唱青衣」。因為，第一，此書內容大多偏重於評論美國經濟，我的專業是歷史而非經濟，何以為序？第二，近年來，因為患了嚴重目疾，於今尤劇，近乎失明，無法閱讀。但我與宣俊兄在大學具有三同關係—同系，同班，同寢室—的關係，友誼深厚，因此，難以推卸，只好勉力應命，失誤之處，恐難避免，尚祈宣俊兄及讀者諸君諒之。

　　作者按照發表的報刊與文章的性質，將本書內容分為ABC 三類，A 類於'98 和'99 年兩年登載在馬來西亞檳城《光華日報》「紐約觀察站」專欄之上，共二十七篇，大約有三分之二的文字專門評論美國經濟：他從保守共和黨雷根總統實行放任的經濟政策、減稅政策、避險基金，貧富差距愈來愈大，股市的暴起暴落，以及華爾街財經中心的大亨們的興風作浪等多方面探討和評論美國經濟何以日走下坡，並預言了 2008 年的美國經濟大蕭條，造成全世界經濟海嘯是必然會發生的事。

　　B 類文字，共十五篇，發表於各大報刊：如上言之《光華日報》、當時的台灣的《中央日報》及紐約《世界周刊》、

《商業周刊》等；其中，大約有一半論述，仍然是關於經濟方面的，亦涉及到台灣經濟，例如，他評論李登輝的「戒急用忍」政策，只講對了台商投資大陸問題的前半，說他們將台灣資金投向大陸，是肉包子打狗，有去無回，這將掏空台灣資金，對台灣是不利的。他批評李說：第一，商人是很現實的，哪裡有錢賺，就往哪裡去。第二，現在是電子經濟時代，商人們在甲地設廠，乙地銷貨，丙地取錢，誰也擋不住，那就是說，錢是很容易流回來的。其實，在我看來，咱們李前大總統，可能並非不懂此一電子經濟理論，而是意識形態在他的心中作祟而已！

在前兩類文章中，他特別提供兩個有趣而又令人驚心動魄的事件：其一，他提到美國經濟強人喬治・索羅斯如何以巧取豪奪的手法，買賣泰銖獲取暴利，從而泰銖急貶，進而擴及東南亞各國，促成當時的亞洲經濟風暴，數年後，才漸次平息。其二，說到美國富豪，如微軟老板皮爾・蓋茲的豪華生活，奢侈享受與古代的帝王生活相比，有過之而無不及；相反的是，美國的工人階級，則一貧如洗，連買保險金都有困難。貧富差距之大，令人咋舌。還有，美國大企業的主持人或銀行總裁，其年薪動輒以千萬美元計，甚至有高達數億美元之多。此一怪現象，長此以往，當然會形成美國的經濟和社會問題。

另一個很有意義的問題是經濟上放任政策或管制經濟，這二者孰優孰劣。作者舉美國及其他國家為例，反覆討論，最後的結論：不能無限的放任，應適時採取適當的管制政策，才能使國家的經濟獲得穩定的發展。此一高論，

不僅讓人耳目一新，而且應當使爲政者銘記在心。

宣俊兄在上兩類文章中，除了論述美國經濟問題，另外，也討論到美國的民主法治、道德與宗教、教育現況以及文化觀點等，茲分別簡介如後：

作者述及美國的民主與法治時，特別指出：美國的民主與法治，包括言論自由在內，是專爲白人而設的，其他美國境內的有色人種，則被排斥在外；他提到美國的第三任總統傑佛遜，曾明白宣告此一主張；這涉及到美國的種族歧視問題。其次，談到道德與宗教，事實上，西方的道德源自宗教（這與中國大不相同，這就是說，中國人的道德觀來自儒家的人道思想），宗教是具有排他性的，他們所奉行的道德與文化，是有限制性的，從而也形成排斥移民的原因之一。第三，目前美國的教育現況是：各級學校內充滿暴力—青少年擁槍殺人、吸毒、性侵害—等不良行爲，郭兄痛切的指出：學校簡直變成了犯罪的發源地！誰爲爲之，孰令致之？爲政者實應痛加檢討和改進此一現象。第四，文化問題：作者數度提到美國哈佛大學名教授亨丁頓博士的論點：孔教（作者曾駁斥說：孔教決非宗教，乃以人爲中心的思想而已）文化與回教文化將永爲西方文化的大敵；其實，亨丁頓的本意是，西方文化（包括美國文化在內）的大敵，將永遠是孔教文化與回教文化，再引申其語意，他主張必須消滅孔教和回教文化，才能達成西方文化的霸業。這是多麼可怕的主張！如以上所言，配上本世紀初小布希的師出無名地攻占依拉克（筆者按：司馬昭之心，路人皆知，其實是爲奪取伊拉克的石油利益而出兵

的），我稱當今美國爲新帝國主義的崛起，亦不爲過。

　　值得一提的是：宣俊兄在上述文章中，述及一極具有諷刺性的題目：「民主與貪污」。我一直認爲：實行民主政治多年的歐美各國，因有良好的法律和制度，爲政者必然會做到弊絕風清，人民安居樂業，不受干擾，但在聽完此文之後，我才恍然大悟：原來「爭權奪利」乃人類的「公分母」，或者說是人類共同的孽根性，只不過歐美各國的爲政者，內有政黨政策的掩護，外有學者專家的學理的包裝與粉飾，使他們從事如作者所寫的「高明的舞弊」，簡言之，即用「五鬼搬運法」，政客們將人民的財富納爲私有，其爲害之大，貪得之巨，決不下於落後國家中爲政者們的「下流的貪污」。作者在結論中，沈痛的指出：貪污決不因民主與法治而絕跡。

　　C 類文章共三篇，全是作者的旅遊記，其中較有意義的是遊北大未明湖，他說從這裡孕育出影響現代中國的五四新文化—民主與科學，以及五四精神—就是內除國賊，外抗強權，也就是反軍閥、反帝國主義，這就形成以後的愛國情操和民族主義；遺憾的是，此一精神在台灣並未延續，其緣由是，前則由於國民黨執政者的無知與愚昧，在教育上，沒有發展五四精神及傳統人文主義（即儒家思想），後則由於在野黨狹隘性地區主義和意識形態，從而排斥五四傳統與去中國文化。走筆至此，能不扼腕而嘆息嗎？

　　最後，在聽完了本書的全文之後，在本文行將結束之前，筆者油然而生的兩點感想：第一，郭兄留美後所學與從事的行業，均與藝術有關，也就是說，他的專業是藝術；

但看本書全文，大部份是關於美國經濟的，少部分涉及美國內部的各種現況，述及藝術的，僅有一兩篇而已，然而由於他的敏而好學，深思熟慮，以及引用了很多有關的文章和專書，所以他寫的每一篇文章都很精當，可讀性之高，為我欽羨不已，其行文之流暢，如行雲流水，猶其餘事也。第二，郭兄留美已達半世紀之久，對美國社會因此觀察入微。其為人正直，時有憤世疾俗之感，其為文作客觀而公正的批評，真君子也。因而我們可以想見宣俊兄必有「花果飄零」，「此身如寄」及「何鄉為樂土」之感嘆。

　　末了，我要感謝魏語弘博士為我誦讀此書，這才讓我能寫成此文，感激之情，難以言宣！

八十老人脫稿於台北自宅
2009 年 10 月 5 日風雨之晨

引　言

郭　宣　俊

　　1998 年夏天，我的東海大學校友陳文華先生，由馬來西亞檳城回到紐約，帶來檳城《光華日報》董事經理溫子開先生邀請我們爲該報定期撰稿的消息，不久《光華日報》的「紐約觀察站」專欄就由陳文華和我負起寫作的責任。

　　《光華日報》是國父孫中山先生在海外所辦的報紙中，至今碩果僅存的一份中文日報，溫子開先生爲這個專欄所定的條件非常的特別，他不在乎、也不干涉我們討論報導的題目及內容，唯一的條件就是：他不能接受任何有關台獨的議題。由此可見當時海外華僑普遍對台灣獨立這個主張的敏感態度。

　　「紐約觀察站」專欄其實僅存在不到兩年的時間，由1998 年 8 月至 2000 年初，其間溫子開先生離開《光華日報》，我也在 2000 年 10 月，由紐約市政府的都市計劃局退休，離開紐約，搬到加利福利亞州南部濱海的小城范秋納（Ventura），而停止了寫作。我在這專欄內，前後一共撰寫了二十七篇評論。1998 至 2000 年是一個世紀的結束，另一個千禧年開創的年代。那時在紐約，我們接觸到的議題，基本上是在探討美國（西方文化的代表）在二十世紀

中的成就，及其所面臨的各種挑戰。為討論這些發展，就
得探索美國在二十世紀政治制度的演變，經濟的發展，科
技的創新，軍事及外交策略，教育的改革等各方面所面臨
的問題。二十世紀末的紐約，那時正處於網絡新聞開始暴
發之前，平面媒體、報章雜誌最昌盛的時代，新聞報導網
羅了各方面的專家學者，針對各種問題提出各自不同的見
解，真是百家爭鳴的時代。「紐約觀察站」的設立，對我個
人而言，也是一個給我省思一些當代重要課題的機會，例
如：美國有怎樣的言論自由？民主制度與貪污的關係？市
場經濟需要控制與管理？宗教與政治能分別發展？美國如
何成為二十世紀的霸主？科技的發展對人類是福還是禍？
為了彰顯這些問題的深廣度，不得不從當時在紐約所得到
的資料中，搜聚正反不同的角度的報導，加以分析解釋，
使我更豐富了對一些我沒機會接觸到的事或物。「紐約觀察
站」專欄之撰寫，可以說是我對這些問題的具體的表顯。

　　我得感謝這本書的能夠出版，都是出於我東海大學同
屆同班的好友，樂炳南教授的熱心促成，若不是他一而再
的敦促鼓勵，在我退休已近十年，並且身體精神都呈現下
降的情況下，是沒有勇氣來進行完成這項繁重的工作。同
時在我內心深處，深覺把出版的各項事務，加在自己視覺
都成問題的樂教授及其家人的身上，有深深的歉意。

紐約觀察站：當代時事評論

目　　錄

第 一 部
光華日報「紐約觀察站」專欄

A1 美國有怎樣的「言論自由」

美國人認為美國式的民主制度，是建立在言論自由的基礎上的。因此，世界上的民主國家必須要有美國式的言論自由才能確保民主制度。然而美國今日的民主制度，並非一朝一夕就形成的，立國初期的民主是建立在連基本人權都沒有的黑奴提供勞力的白人精英分子上。經過南北內戰，黑奴得到解放，一直要到 1960 年代，黑人及婦女才爭取到普遍的投票權。因此美國今日的民主制度是一個不斷鬥爭，不斷修改，不斷更新的過程。伴隨著這過程的言論自由的詮釋，自然也隨著時代的改變而不斷的修正，更改及充實。由此可見言論自由並非一成不變的定律，這是我們對今日美國言論自由必須瞭解的第一步。也只有通過歷史性的追索探討，我們才能瞭解清楚今日美國有怎樣的「言論自由」。

古斯汀（Rochelle Gurstein）女士最近的著作 *The Repeal of Reticence*（《補救保留權》），是一本分析美國自 1870 年到 1970 年一百年間，言論自由發展的專著。古斯

汀認為言論自由是美國文化中兩個極端互相矛盾的因素，互相衝突，不斷求取平衡的過程中取得。其一是 "Reticence"（保留權），其中包含 "Values Privacy"（個人隱私權），"Intimacy"（個人保留權），"Restraint"（節制）等憲法保障個人尊嚴的基本人權。引申在言論上的是言論的公正性，合理性，可靠性，注重客觀的言論。

　　另一方面，言論自由也包括 "Exposure"（暴露性）。這是一般所謂 "Values freedom of express"（言論的自由發表），引申在言論上是誇大的描寫，沒有節制的發揮，不實的報導，主觀的分析等，更進一步是製造輿論，編造故事。暴露性的最終要求是撕掉一切的節制。因此美國的言論自由與公正，可靠，真實並不需要畫上等號。波·維佛（Paul H. Weaver）著的 *News and the Culture of Lying*（《新聞與撒謊的文化》）甚至認為美國政黨政權的取得，都是由新聞媒體的暴露撒謊形成（"political power grows out of media exposure"）。作家達克柔（E.L. Doctorow）直言美國新聞界從來就是同流合污的角色，社會越污穢，新聞界越有利益可以多賺錢，越有推廣新聞企業的前途（參看 1994 年 8 月紐約新聞）。而新聞媒體從事的暴露手法，更非一般人所能辦到，只有有錢的傳播大亨才能經營媒體的暴露政策。1996 年 10 月 24 日《紐約時報》社論指出，由於媒體大亨莫達克先生（Mr. Murdoch）的支持，紐約市長 Giuliani 和紐約州長 George Pataki 才能當選。

　　由於美國言論自由中包括兩種矛盾的因素，聯邦政府及國會兩院對新聞自由的界定，就產生了兩種完全不同的

要求，就對美國國內而言：近來兩黨對過去在選舉上的互相抹黑，誇張的宣傳，人身的攻擊，引起全國的關注，加上法律上對隱私權的保障，新聞媒體不得不採取某種程度的節制政策。對外而言：由於美國保守派逐漸控制了全國性傳播媒體，其對外的政策，就是盡可能的暴露與美國利益（指政治、經濟、軍事、文化各方面）相衝突的國家。由暴露進一步製造、渲染、煽動美國人養成對特定目標的偏見。近年來亞裔成爲保守派傳播媒體特定的攻擊目標。由 1994 的反移民報導，1996 年的非法政治獻金，1997 年的香港歸還中國，及亞洲的金融風暴、《華爾街日報》、《華盛頓郵報》、*National Review* 等保守派的大本營，幾乎每天每期都有攻擊、渲染、煽動性的文章來抹黑扭曲諷刺亞裔的形象。這種大規模的報導，甚至於美國官方也驚覺到有些過分。1997 年 4 月 6 日《紐約時報》登載了一篇史提夫‧依朗格(Steven Erlanger)名爲 “Searching for an Enemy and finding China” （〈找到中國作爲敵人〉）。他引用卡特時代國家安全會主席畢里贊斯基（Brzezinski）的話：「我們流行的習慣是選出每一年度的敵人，中國是一個大國，在地圖上占了一大塊，又是黃種人，符合了我們潛意識的種族歧視因素，也剛好巧合了美國人仇恨的心態。我相信這種心態會長期的發展下去，因爲中國是一個大得足以讓美國人長期仇視的國家。」傳播媒體除了在美國國內製造敵視亞裔的形象外，並企圖以言論自由作爲政治上攻擊的武器。例如 1997 年正月，美國國會眾議院伊利諾州眾議員波特（ReP.Porter）認爲香港由英國交還給中國一定會壓制香

港的傳播媒體，要求國會立法保障香港的新聞自由。保守派的新聞企業在國外盡量的製造暴露新聞，在美國國內卻盡力的壓制暴露的新聞。最佳的例子莫如最近 7 月 7 日（1998 年）新聞媒體 CNN 及 *Time* 雜誌社報導越戰時代，美軍以毒氣攻擊投降外國的美軍事件。這件暴露性的越戰紀錄，新聞發表後不到一周，CNN 及時報雜誌社就主動的為這件事向全國道歉，並處罰報導事件的記者。顯而易見，越戰時代的言論自由，與 1998 年代保守主義主控新聞的時代，就有極大不同的結論，也見證了美國新聞自由的內外有別的德性。

　　補記：著家馬麗莎・蘿西（Melissa Rossi）在 2005 年出版的《什麼是每一位美國人必須知道的事實，是誰在控制這世界》（*What Every American Should Know About Who's Really Running The World*）其中有整整一章專門報導美國人怎樣失去新聞自由。那些具有公正意識的獨立新聞企業正一天天的消失。全美國的傳播媒體自雷根時代放鬆管制後，已形成僅僅五家獨霸的天下（GE, TimeWarner, Disney, Viacom, News corporation）這種大企業控制的媒體，為了自身的利益，可以鉗制編輯及記者報導與自己企業有害的新聞，有些甚至任意編造虛假的報導。

A2 全球經濟秩序破產　美國基金機構豐收

　　英國的達里・大衛遜和李斯摩爵士（James Dale Davidson, Lord William Rees-Mogg）合著了一本名為《個人的主權》

（*The Sovereign Individual*）的書，無異的宣布了電子經濟
（Cybereconomy）時代的來臨。他們認爲任何國家，任何
制度都不能有效的控制及阻擋這個潮流的發展，他們預測
個人主義經過電腦的廣爲應用，終將由國家及社會的各種
嚴密的法規控制中解放出來。因此，財富將像流水一樣，
那裡有漏洞，就往那裡流出去。那些財富的製造者，那些
跨國的工商企業的領導者，及各行各業的菁英，不會爲了
國家的利益，社會的責任，道德的條件，良心的約束放棄
自己賺錢的機會，而電腦的廣爲利用，使得這些財富的製
造者，能更自由自在的在廣大的電子空間（Cyberspace）
打破國家的政治界限，以電子現金（Cybercash）打破各種
幣制的阻隔，建立個人主義的電子經濟體系。

　　1998 年 8 月 21 日紐約《華爾街日報》（*The Wall Street
Journal*）在金錢及投資專欄的第一版，報導了一種專爲有
錢人設立的基金，稱之爲基金中的基金（Funds of Funds），
也許應該稱之爲「基金之母」。各種著名的投機機構
（Venture Cepital Firms），兼併投資機構（Buyout Funds）
避險投資（Hedge Funds）等都紛紛爲家產億萬的富豪設立
這種「基金中的基金」。要想加入這種基金的投資者，必須
具備美國股票交易委員會（Securities and Exchange
Commission）認可，擁有五百萬現款的人，才有投資的機
會。依「所羅門斯密斯巴尼投資公司」（Salomon Smith
Barney）估計，全美有三十萬家庭合乎這種條件。

　　依《華爾街日報》的統計，僅僅三年之內（由 1996
至 1998）這種基金之母的設立就增加了一倍。當全球經濟

秩序紛紛傳出警報的同時，美國的「基金中的基金」投資者，正在以閃電的速度收聚投資的成果。根據波斯頓的康橋公司（Cambridge Associates Inc.）的統計，這些大型的基金過去十年，每年就有百分之廿二點四的利潤回收。若按「所羅門斯密斯巴尼投資公司」的計算，這些投機基金在過去的五年中，每年有百分之三十五的利潤回收。這種鉅額的財富，可以在電子操控的極短時間內，集中力量攻擊目標，其摧毀的力量是無可抗衡的。幾年前英磅及墨西哥幣制的貶值，一年前由泰國引發遍及東南亞遠東地區的經濟風暴，都與這種電子經濟脫不了關係。

就在同一天 8 月 21 日的《華爾街日報》內，我們看到香港為了維持港幣與美金的匯率，為了幾百萬港民經濟利益及生存權，正在與國際的投機客作殊死戰。俄國的幣制僅僅由國際投機客喬治‧索羅斯（George Soros）的建議，一夕之間貶值了百分之三十四（參看《華爾街日報》8 月 20 日的 "Russia Needs a New Currency"）。當南美洲的委內瑞拉（Venezuela）、阿根廷（Argentina）、中美洲的墨西哥（Mexico）、歐洲的西班牙（Spain）正遭受幣制貶值壓力，在全球經濟秩序紛紛傳出警報的時候，也是美國的基金中的基金大豐收的季節。

其結果我們可以預測是財富的越來越集中在少數大富豪的手中，也預示二十一世紀全球經濟的秩序主宰權將被「電子經濟」所左右，也注定了美國在全球財富重新定位中的霸主地位。

A3 對市場經濟與政府管制 美國人表現矛盾

　　當經濟起飛的年代，沒有人希望政府插手經濟事務。美國當前最時髦的經濟保守主義的教條，就是：政府管得越少，對經濟的發展越有利。他們認爲，市場可以自動調節經濟的走向，不需要政府來干涉。他們說，美國這六年榮景，就是一個市場經濟自由運作最佳例子。

　　但是，當世界各地經濟發生危機，紛紛亮起紅燈的時候，甚至連自認爲超級強國的美國自己也發生震動全球的「大地震」，8 月 31 日的華爾街股票大崩盤，僅僅一天之內美國的財富就損失了一兆美元。這一天之內的財富流失等於全球 1998 年度生產總值的百分之二。（參看《華爾街日報》9 月 2 日社論版 "U.S.Needs to Promote Currency Stability"）於是那些見風轉舵的學者們，那些自認不凡的金融財經政客們，就開始大聲的怒吼：「政府爲什麼不管事？」這種態度的改變，以美國保守主義的代言人《華爾街日報》最露骨。

　　8 月 28 日（即 8 月 31 日股票大崩盤之前兩天），該報登載了一篇由格藍（James Grant）所寫的〈將來臨的大崩潰〉，就認爲美國近年的股票瘋狂飛昇，是由於政府有意的壓低利息政策所形成。接著他說，如果任由大繁榮無限制的發展，也將無可避免的促成大崩潰。這就和過去的保守主義的論調完全兩樣。第一，承認美國的繁榮是由政府的政策促成。第二，政府必須出來援救未來的災難。同時那些過去主張市場經濟萬能，嘲笑諷刺日本政府干預日本經

濟是日本經濟不如美國的保守主義者，現在卻每天敦促日本政府應該拿出辦法來拯救日本的經濟，因爲私人企業及市場經濟已經沒法糾正江河日下的日本經濟。

就在黑色的星期一（8月31日）的第二天，所有的美國新聞媒體都有同樣的結論，就是：現在世界上已經沒有強有力的政治領袖來控制將發生的經濟大災難。但是，他們忘了這些領袖就是過去他們認爲是自由市場最出色的領袖（參看《紐約時報》8月30日 "It's a Bad Time for Weak Leadership"）。

更奇怪的是，那些真正開始行動，想辦法來救治經濟災難的政府，卻受到保守主義者的圍攻。香港政府爲了捍衛港元出動外匯存款、打擊國際惡名昭彰的投機客索羅斯（George Soros）的行動，馬上引來保守派的謾罵。《華爾街日報》9月2日的社論是「香港政府愚笨的用外匯存款來救股市」。他們爲什麼不討論那些將自由市場經濟作包裝的投機客才是真正的破壞香港自由經濟體系的罪惡禍首？

美國的保守主義經濟學者現在應該不再以口號來唬人。這是一個關係千千萬萬人生死存亡的關鍵時刻，他們應該有勇氣，也有義務及責任，列出他們具體的保守主義方案來拯救被他們弄得雞犬不寧的世界經濟。

A4 亞洲的財富到哪裡去了？
誰是東南亞經濟災難的禍首？

1997年6月泰幣開始被逼迫貶值，影響全球經濟的風暴中心開始形成。四個月後，印尼、馬來西亞、菲律賓進

入風暴中心，到那年年底，韓國、日本成為重災。台灣、
新加坡、香港及中國大陸都遭到這一波風暴摧殘。當這風
暴不斷的擴大，形成的災害波及歐洲南美洲的今天，受災
最嚴重的亞洲各國眼睜睜的看著十幾年辛苦經營的財富隨
風而逝。從焦頭爛額的各國當政者，到無以為生的成千上
萬的失業者，不禁都要問亞洲的財富到哪裡去了？是誰偷
了亞洲人的財富？

美國聯邦儲備銀行的政策對亞洲經濟的影響

1997 年 10 月 7 日《華爾街日報》社論版 John
Greenwood（格林伍）發表了一篇名為 "The Lessons of
Asia's Currency Crisis" （〈亞洲貨幣危機的教訓〉）的文
章。格林伍先生是 1983 年設計香港港幣與美元聯繫匯率的
設計師，由他來分析評論這一波亞洲經濟災難的形成及繼
續的演變，無疑是具有公平及權威性的論斷。

他說：1997 年亞洲貨幣的災難，應該從 1992 年及 1993
年間美國聯邦儲備銀行，連續不斷的故意壓低利息追敘
起，這項壓低利息的政策，是為了讓當時面臨破產的美國
銀行體系能平衡他們在 1990 至 1991 年衰退期所造成的損
失而設計。他說，當時經濟蓬勃發展的東南亞國家並不需
要這樣的低利率，不幸的是他們的貨幣制度都與美元掛
鈎，因此，這些國家的利息也被逼降低到百分之六。

這百分之六的利息，遠遠低於這些國家企業投資所能
獲得的利益。其結果是美國的資金乘勢大舉侵入。這滾滾
汹湧而入的美國「熱錢」，加上電腦操控只有華爾街 Hedge
Fund（避險基金）才能操作的投機程式，使投機客能在極

短的時間內，集中力量攻擊弱勢的貨幣，逼令其貶值，從而不勞而獲的從這些不幸的國家取得巨額的財富。

從 1992 年的英磅貶值，到 1997 年的泰國、印尼、馬來西亞、菲律賓、韓國、日本貨幣的貶值，都是這一群華爾街巨富的得意傑作。其中惡名昭彰的代表人物當數 George Soros（喬治・索羅斯），今年 9 月 15 日他在《華爾街》日報爲他的胡作非爲公開的提出辯護，並無恥的宣布他的「世界財富倒流理論」。現在讓我們來見證這吸血鬼赤裸裸的仇視亞洲財富的心態。

索羅斯的世界財富倒流理論

索羅斯的世界財富倒流理論，是建立在下述各點。（參看 1998 年 9 月 15 日《華爾街日報》他所寫的 "The Crisis of Global Capitalism" 〈全球資本主義的危機〉）

一、九〇年代世界經濟的榮景，是以美國的財富爲中心向外伸延發展所形成。

二、這長期的繁榮發展，必須中心（美國）及外圍（亞洲）打開各種界限，以利貿易的自由流動，換句話說，就是「經濟不設防」。這顯然對弱勢的貨幣經濟體極不公平的待遇，因爲這可以讓國際的投機客如索羅斯之流，利用優勢的貨幣打擊弱勢的英磅、泰幣、港元等，並在極短的時間內，獲取不勞而獲的利益。

三、財富（資本）可以由中心（美國）向外流通，中心（美國）自然也有權收回或吸乾外圍（亞洲）的財富。

四、亞洲的經濟破產，依索羅斯的看法，對美國並不
　足以引起不利的影響。

五、財富的倒流，對美國的經濟只有益處，因爲它抑
　止通貨膨脹，促成華爾街股市不斷的上昇，造成
　房地產的繁榮，也解決了美國的失業問題，讓所
　有的美國人都更富有。

六、財富的倒流，只有發展到歐洲的俄國發生問題時，
　這種倒流才對美國構成威脅。由此足以證實索羅
　斯仇視亞洲經濟繁榮的心態。

七、他很清楚自由貿易的資本主義，潛存著不穩定
　（Unstable）的因素，所以到了他認爲經濟的發
　展威脅到他繼續賺錢的時候，政府必須出來維持
　市場經濟的穩定。換句話說，當這些投機客能賺
　錢的時候，政府當少管閒事。到了市場面臨崩潰
　的邊沿時，政府就有責任收拾善後。

　　從這篇文章中，我們清清楚楚看到這一群唯利是圖的
美國投機客僞善的醜惡臉孔，亞洲人的財富到哪裡去了？
還不是都進入了這一群人的銀行帳戶中！

A5 玩火的人燒到自己
「對沖基金」讓美國也嚐恐慌滋味

　　僅僅一個月以前，保守派的美國經濟學者，保守派的
傳播媒體及在亞洲經濟大崩潰中掠取各國財富的華爾街大
亨們，還在大言不慚的宣告：「亞洲的經濟破產對美國沒有
壞的影響，反而利益多多。美國人應當享受亞洲經濟破產

後給美國人帶來的繁榮；在過去的這一年中，使美國免去通貨膨脹的威脅、幾十年所沒有過的高度就業率、日日飛昇的股票市場、讓美國人更富足、有更高級的享受等等美好的光景。」（參看 1998 年 9 月 15 日《華爾街日報》索羅斯的大作）一個月以後，使亞洲人談虎色變、讓亞洲人吃盡苦頭的那些吃人不見血的「避險基金」Hedge Fund（或稱「對沖基金」）的投機客（Speculator），終於也讓美國人嚐到「經濟恐慌」（Panic）的滋味。

　　1998 年 9 月 25 日《華爾街日報》以巨大的篇幅，刊登了五篇專門報導美國最出色的「避險基金」Long Term Capital Management（長期資本管理公司）面臨倒閉危機的文章，讓世人初探美國「避險基金」的廬山真面目，也正式揭開「避險基金」為害美國經濟，引起全世界金融大恐慌的序幕。緊接著 10 月 7 日 Tiger Management（老虎基金）的 Julian Robertson（勞勃生），這位立志要把港幣與美元聯繫匯率打垮的大人物，在一天之內居然把美元與日幣匯率改變了百分之七點四，驚人大手筆震動了全美的金融及政治界，於是有匆匆召開的國會聽證會，每天都有的新聞媒體的分析預測，專題報導，更有金融體制內不同派別的互相攻擊指責，政治人物更是借機發揮、互相抹黑，也讓全世界的人見證到玩火者終於燒到自己的活劇。

　　其結果是銀行證券業的一批接著一批的大裁員，美元匯率的巨幅波動，股票市場的大起大落，更逼迫聯邦儲備銀行在極短的時間內，接連著降低利息，以因應即將來臨的大衰退，也引起美國人懷疑自己經濟制度是否有克服災

難的能力。（參看 1998 年 9 月 29 日《紐約時報》"Hedge Funds:The New Barbarians at the Gate" by Burton G. Malkiel and J. P. Mei）

　　然而更嚴重的結果，將是在這世紀之末、世界性的經濟危機發展中，人們對資本主義市場經濟的質疑，對人類前程的憂慮（參看 1998 年 10 月 18 日 New York Times, Gerald Celente "Capitalism for Cowards"）

什麼是避險基金（Hedge Fund）？

　　首先，我們來看什麼是「避險基金」。簡單的說，「避險基金」是美國鉅富的投資俱樂部。因爲是美國特級富人的俱樂部，所以投資人必須具備特定的身份及身價，擁有五千萬至二十億美元（參看 9 月 30 日《華爾街日報》"What Are Hedge Funds and Who are They For?"）。有這種身價的富豪，自然與美國上層社會的銀行家、大公司的董事長、大證券行的管理階級、著名學府的經濟學名教授有密切的人際及財務上的關係。

　　我們可以從這次匆匆組成拯救「長期資本管理」「避險基金」的當事人看，有所羅門證券行的前任副董事長（Salomon vice Chairman），有聯邦儲備銀行（美國中央銀行）的前副董事長，有斯坦福大學去年「諾貝爾經濟學獎」得主，有哈佛大學去年「諾貝爾經濟獎」得主，有 Bankers Trust J.P.Morgan, Barclays, Chase, UBS, Deutsche Bank 等世界上著名的銀行，有 Goldman Sachs, Merrill Lynch, Salomon Smith Barney ,Morgun Stanley Dean Witter 等第一流的證券交易行，見證這是多麼偉大壯闊的世界財政金融陣容。

　　其次，因為有這種身價的人物，都要求極度的隱私權，所以「避險基金」的投資人，機構的組織，投資的運作，經營的政策，都不能公開，換句話說就是「零透明度」。密支根州的美國眾議院議員 John Dingell（約翰‧丁格爾）就公開的指責「避險基金」的秘密操作方式。Greenspan（葛林斯潘）這位在美國財金界能呼風喚雨，一言便能令股票市場天翻地覆，貴為聯邦儲備銀行主席的大人物，在國會作證時，也坦然的承認他沒有權力來控制「避險基金」。《西遊記》中的孫大聖本事再大，還有如來佛可以節制他，美國的「避險基金」胡作非為，已達為所欲為的程度，此所以美國國會銀行委員會主席 Jim Leach（金‧來契）要求葛林斯潘回答「避險基金的所作所為對全球的經濟及銀行系統究竟造成多大程度的損害？」這一沒有人能回答的問題。令人想到在「避險基金」的陰影下，人類的前程還有什麼希望？（參看 9 月 30 日《華爾街日報》Holman W.Jenkins "How to Save the Worle"）。（上篇）

A6 玩火之人燒到自己
索羅斯狙擊泰銖撈巨利

　　第三，由於「避險基金」（對沖基金）的股東及投資者與銀行金融界關係的密切，往往可以得到極優惠條件的融資，就以這次弄出大禍的「長期資本管理」基金為例，到八月份時，其資本僅剩下二十三億美元，而在其管理下的資產，卻達一千二百五十三億美元，為其資本的五十四倍。到 9 月 25 日已沒有現金能力償還債務時，在其管理下的資

產仍有八百億美元之多。這些資產都是世界各大銀行，證券行等處借來的資本。這也是爲什麼這麼多的銀行證券行及聯邦儲備銀行必須出來挽救危局的原因。

第四，「避險基金」的目的，自然是爲股東及投資人賺取利益，然而這種基金賺錢的手法常常是建立在不公平不道德的基礎上。統計美國各種避險基金持有二千億美元的資本。以如此龐大的資金攻擊弱勢的經濟體，没有任何力量可以與之抗衡。香港爲了對抗「避險基金」的衝擊，在一星期之內動用了外匯存款九百六十億美元中的二百億元。其他没有多少外匯存款的東南亞國家，只好眼睜睜的看著投機客把國家的財富搬走。

第五，現在讓我們來看，「避險基金」投機的方法。「避險基金」通常是同時進行兩項相反的行動，就是「真買」與「賣空」（Go Long and Sell Short）。我們就以投機客索羅斯去年六月在泰國的行爲來說明。他知道當時泰銖與美元掛鈎，而泰國的外匯儲備有限，要想維持泰銖與美元的匯率對泰國的主政者是極困難的工作。因此他知道，只要逼使泰銖貶值，他就能很快的把泰國的財富轉到他自己的名下。他的辦法是向泰國的銀行、證券行、公司，大舉借貸泰銖，並立刻把借到的泰銖在市面上出售。這就是 Sell Short「賣空」，造成市場上有過剩的泰銖。同時把賣出的錢收購 Go Long「真買」泰國市場上的美元，造成泰國美元的短缺。這樣行動不斷的進行，終於逼使泰國在 7 月 2 日宣布貶值百分之三十五，然後他再以貶值了的泰銖歸還給借他的銀行公司行號。一轉手之間他就把泰國的外匯轉

入自己的名下。

　　讓我引用保守主義代言人「諾貝爾經濟獎」得主彌爾頓・福利曼教授（Milton Friedman）為辯護投機客的一段話，來說明「避險基金」如何打垮泰國貨幣引起全球金融市場大混亂的作為。文章登在《華爾街日報》10 月 13 日《華爾街日報》"Markets to the Rescue" 他說：「任何投機客賣空泰銖最壞的結果，不過是損失佣金（Lose Commissions）和利息。由於泰銖與美元掛鈎，到期，他一定可以原價原封不動的歸還借款。反之，如果泰銖貶值，他就會取得巨大的利益。把造成亞洲經濟危機的事實推到投機者的頭上是不對的，事實上是這些國家的政策及應負責任的人經不起誘惑，才造成投機客穩操勝算的局面。」

　　最後，我希望所有的華人，包括那些拿了偽善避險基金髒錢的政客們，都詳細的閱讀一段今年 8 月 20 日登載在《華爾街日報》社論版香港錢幣局（Hong Kong Monetary Authority）Mr.Joseph Yam 的文章。他說：「對那些認為這是異端邪說（Heresy）的人，我很不客氣的要說這些話，假如市場經濟不會出錯，只有政府才是禍根的人，那為什麼發展中的經濟市場（指亞洲）會讓自己粉身碎骨？假如亞洲的市場經濟繼續的貶低自己的貨幣，這也是那些輿論製造者認為是不可避免的結局。那麼最後的重擔，失業及經濟衰退，將加在七大工業國經濟體上。我以世界上最自由的經濟制度官員來發言，我認為現在是時候，應該把『避免政府干預是一個可行的選擇』正告七大工業國，這是一個行不通的辦法。不論我們是否喜歡，政府的功能就是保

障人民的生活水準及就業機會。香港有全世界干預程度最少的政府，有最堅實的經濟基礎，並且沒有任何債務，然而投機客竟然企圖撕毀這個模範經濟體。如果像香港這樣堅強的經濟也會為投機客所威脅，那麼，那些沒有工業基礎的發展中的國家，還有什麼生存的希望？我們已經見證一些亞洲最強壯的經濟市場陷入恐慌造成危機及破壞。我們（香港）有責任去阻止這樣的恐慌蔓延下去。」

　　我們從這篇文章登出兩個月後的今天來觀察，Joseph Yam 的預言都一一的呈現在世人眼前！香港人應該慶賀及自豪，因為當全世界都在「避險基金」淫威的恐懼中戰戰兢兢的時候，你們有這樣具前瞻性，真知碩見，勇於擔當，力抗狂風巨浪，不懼謊言攻擊批評的官員來擔任捍衛港幣的艱鉅重大責任，你們能不向他致敬禮！（下篇）

A7 基金集團元氣大傷　美國恐經濟倒退[1]

　　自從 9 月 24 日美國最出色的避險基金（對沖基金）「長期資本管理公司」LTCM（其中股東包括兩位去年度「諾貝爾經濟獎」得主及一位前任聯邦儲備銀行副董事長）闖下大禍，為全球的金融機構帶來信用緊縮（Credit Crunch），緊接著 10 月 7 日大名鼎鼎的「老虎避險基金」（Tiger Fund）又讓美元與日幣的匯率在一天之內巨貶百分之七的荒唐鬧劇之後，一個月之內，美國的避險基金觸動

---

1 原稿標題：「創造性的破壞 Creative Destruction 論資本主義的未來」。文中引用 1998 年 10 月 16 日《紐約時報》，賽藍提對資本主義的未來所作的推論，那就是像 2009 年的金融海嘯，是資本主義必需經過浴火然後才能重生的結局。

了美國經濟閃電似的巨大轉變。恐慌代替了樂觀及自信。

　　首先是銀行金融機構的大裁員，根據格雷‧克利斯瑪公司（Gray and Christmas Inc.）的統計，9 月至 10 月間，美國一共有十萬人被公司裁員，跟著是高價的房地產滯銷，然後股票市場的大起大落，促使消費的萎縮。依經濟學家道格拉斯‧李（L.Douglas Lee）的估計，美國的消費將由百分之六降落到明年的百分之二。消費者的信心指數，由 6 月份的一三八點降到 10 月份的一一七點。從 9 月份到 10 月份的消費指數就一口氣掉了九點。這種種的演變使「商業協會」（Conference Board）在 10 月份的報導得出的結論是，工商業界的情緒（Business Sentiment）降到七年來的最低點。而這正逢美國一般公司計劃 1999 年度預算的時節，由於情緒的低落，對未來的悲觀態度（Pessimism），許許多多公司的擴充投資（Capital Spending）也紛紛叫停。1990 年以來美國各行各業蓬勃繁榮的場景，有百分之二十五是來自各公司的擴充投資，因此也影響到明年度的經濟成長。

　　於是新聞媒體上出現了一些令人觸目驚心的字眼，「萎縮大潮」（Deflation Tide）「腐蝕到底」（Meltdown）「衰退」（Recession）「大貶值」（Great Devaluation）「大蕭條」（Great Depression）等等。而更奇妙的是，過去英美國家用以批評東南亞國家的專有名詞「邪門資本主義」（Crony Capitalism），就被越來越多的美國人用以批評自己當今的經濟制度。這種快速發展的演變，令保守派自以為是正統的資本主義學者們無言以對，其「市場經濟能自動調節市

場的走向，不需要政府干涉」的神話也不攻自破。

　　接著有些經濟學家搬出了維也納學派的資本主義必需「繁榮與衰退循環交替」學說（Boom to Bust Cycles）來解釋美國所發生的情況，並以萎縮大潮（Deflationary Tide）來形容目前美國所處的環境，他們承認美國正逐漸的陷入全球性的經濟衰退中。格藍先生在他所著的《繁榮引起的麻煩》（*The Trouble with Prosperity*）一書中，明白的指出繁榮不可能永無止境，而緊跟著繁榮而來的是蕭比特先生（Joseph Schumpeter）所倡言的「創造性的破壞」（Creative Destruction）。依他們的講法，現在全球金融體制必須大崩潰，然後才能重新創造新局面。賽藍提先生（Gerald Celente）在他寫的《懦夫的資本主義》（*Capitalism for Cowards*）（參看 1998 年 10 月 16 日《紐約時報》社論版）中，強調作為一個資本主義的信徒，就不應該膽怯恐懼，市場總有一天會崩潰，他說「在這接近二十世紀末的時代，新的經濟法則將重寫資本主義的原則，並將為不太自由的自由市場打下基礎。」他的結論是，「過度發熱的市場，現在將到盡頭，並且不可能被強迫推回繼續成長的模型。這蔓延世界性的情況，也許可以用錢幣政策的特效藥暫時壓制下去，但是，當危機再度暴發的時候，其結果將是無藥可治不可挽救的結局。」

A8 誰能拯救亞洲經濟大災難？

　　亞洲各國的經濟發展，由極端活耀蓬勃的年代，跌入衰退蕭條的深淵，已經一年多了。我們對亞洲未來的展望，

仍然充滿著疑慮及悲觀的態度。因爲這一年多以來，亞洲
經濟風暴已經掃過歐洲的俄國、南美洲各國，進而一度搖
撼美國的經濟基礎。

美國總統克林頓最近到日本韓國的訪問，其最重要的
議題，就是如何振興日本的經濟改革，進而由此帶動整個
亞洲經濟的復甦。然而美國的這一番努力，可以說是先由
自己的利益爲出發點，對於日本是否真能由經濟衰退中恢
復則是次要的考量，對於其能如何提供資金技術幫助亞洲
各國解脫困境，則更是退而求其次的要求。美國的觀點，
我們可以從克林頓抵日本後的言論，清楚的看到其重點所
在。他說：「你們應當在退休儲蓄及今日經濟的發展中，求
取平衡」。他鼓勵日本人應當多多從事消費，不要總是想到
儲蓄，如此才能由衰退中脫困。他抱怨日本在馬來西亞才
閉幕的「亞太經濟合作年會」中阻撓貿易自由及市場的開
放提議。他說，日本在一年之內傾銷到美國的熱壓卷鋼，
增加了六倍，卻對美國進行不公平的貿易政策。總括他的
意思就是：日本人不應該老是儲蓄存款，必須打開錢袋多
買美國貨，如此你們才能脫離衰退的經濟環境。這樣的理
論，我相信沒有多少日本人會相信的。

1998 年 11 月 23 日美國麻省理工學院日本問題研究所
研究員（David Asher）大衛・阿許在《華爾街日報》發表
了一篇 "Japan Can't Rescue Asia"（〈日本不能拯救亞洲〉）
的文章。他說，日本經濟目前爲五項因素所困擾，自身難
保，焉有餘力多管亞洲的閒事！

這五大因素是：

　　第一，債務（Debt）。日本經濟問題中最嚴重的當屬巨大的債務，中央政府及各地區的政府各種債務合計已達年度國內生產總值 GDP 的百分之一百零五。這還不包括政府向郵政儲蓄及公職人員退休金舉債所負的重擔。當這些加在一起的時候，政府債務將達年度國內生產總值的百分之二百。中央政府對債務的支出幾乎占了全年預算的一半。

　　第二，通貨緊縮（Deflation）。日本近年來的通貨緊縮的壓力，主要是由房地產的貶值所引起，但與美國 1930 年代經濟蕭條時的情形不同，日本的房地產並沒有大崩潰，日本的金融業及房地產業的價值仍然偏高，因此貶值將繼續推延下去，直到供應及需求達到自然平衡為止。從 1990 年房地產「高峰期」到今天，六個日本主要都市的商業用地，已經貶值百分之七十三，即使如此驚人的墮落，東京的公司地價仍然高過紐約市。

　　第三，破產（Default）。過量的借貸加上資產的貶值，在私人企業界擴散有毒的效應，企業破產的總量已超越 GDP 的百分之三。這是日本自二次大戰後迄今最高的紀錄，也超越美國 1930 年代的大蕭條及 1990 年代初期的儲貨銀行破產的紀錄。企業的破產將使政府估計的今年度的百分之五失業率過分偏低。

　　第四，人口老化（Demography）。日本是目前人口老化最快的國家。其公職退休基金制度，目前估計缺少資金，與國家年度生產總值相等。但到公元 2005 年時，日本老年人口將占全國人口的百分之二十五。也在同一年度，公職退休基金將面臨入不敷出、產生赤字的險境，然而今日的

政府，不敢面對現實增加退休金的稅收，而一再的採取拖延的政策。

第五，放寬管制（Deregulation）。從長期著眼，日本的經濟管制，必須放寬去刺激資本的生產活動及提昇真正的購買力。從短期上看，放寬管制將加重通貨緊縮的惡化，破壞發展的機會，並引發更嚴重的企業破產，不論你是否願意，一個金融市場上的「大爆炸」（Financial Market Big Bang），就是對那些不能競爭及過度擴充的企業及銀行更大規模的倒閉破產。為了改進銀行的收支平衡，銀行必須減少借貸，及對風險高的企業提高貼現。信用的緊縮是解決問題的方法，並不是問題的所在。從短期到長期的過渡中，改進市場的效能、減少信用的貸出，將使日本的資本損失四分之一，並使四分之一的日本企業消失無蹤，也只有如此，日本才能站立在繼續發展的基礎上，才能浴火而重生。

大衛・阿許在文章中指出，其實美國經濟的繼續繁榮發展，遠比寄望於日本的人為的經濟重振，對於亞洲的災難及其起死回生的希望，具有更正面的影響力。因此，他的結論是：「對不起，總統先生，亞洲的經濟健康，甚至全球的經濟，不能依靠日本，唯以美國經濟是問。」

A9 危機四伏時代，股市大起大落
美國經濟發展充滿隱憂

最近一期的美國《商業周刊》（*Business Week*）時事評論的標題是 **"An Era of Utter Unpredictability"**（「一個不

能完全預測的時期」）。首先，它提出一個問題，「是否可能整個國家（指美國）受到鞭撻？」然後回答，「一點不假，只要看看四周，僅僅幾個月的時間內，股票市場由非理性的瘋狂飛漲，到恐慌性的大跌，然後又再回到非理性的上昇，讓幾百萬的投資者遭受隨波起伏的痛苦」。又說，「入秋以來，美國看來進入一個不確定的時期，當 1998 年進入倒數的年尾，很明顯的，美國已經身歷一個完全不能預測的時代」。現在讓我們來分析什麼是完全不能預測的時代？簡單的講就是，這是一個無所適從的年代，是舊的秩序破產，而新的尚未產生，危機潛伏的時候。

1980 年代雷根總統（Ronald Reagan）當政，保守主義的經濟理論，提出「自由貿易市場經濟不需要政府干預，應減稅、減少管制」等等，自以為是所有經濟發展的基本定律。雷根的名言：「政府不能解決問題，因為政府本身就是問題」。但是極具諷刺意味的是，十二年的保守政權主持下的美國經濟，不但沒有繁榮發展，1987 年 10 月還發生了自二次大戰後最險惡最驚人的「華爾街股票大崩潰」，接著的是四年的大衰退，布希總統（George Bush）迫於形勢，不得不打破自己競選時的諾言，提高稅率，也終於讓民主黨奪回政權。

自 1992 年開始，「聯邦儲備銀行」的主席格林斯潘（Alan Greenspan）配合克林頓總統（Bill Clinton）的政策，促成長達七年不斷的經濟發展，然而保守的經濟學家仍然抱殘守缺，不知因應之道，在保守派操縱的美國金融企業，終於遭到失敗的命運。今年九月到十月間的兩次「避險基

金」（對沖基金）投機的失敗，幾乎拖垮了美國的金融業，證明市場經濟不可能完全自由的運作，政府的干預不但不能減少，反而需要更精細，更嚴格的管制。甚至於惡名昭彰著的投機客 George Soros 也大張旗鼓的攻擊資本主義，主張政府必須有干預經濟發展的政策（參看 *The Crisis of Global Capitalism*）11 月 3 日美國國會中期選舉，打破了保守派控制美國命運的美夢，共和黨的保守派，在美國大眾對社會新秩序、道德的新標準，及要求經濟穩定的要求下，被迫在政治上及經濟上，由旺盛的攻勢變成守勢。因此，美國在左右之間搖擺、舉棋不定的時候，在政治上產生混亂的局面，同時也在經濟上發生消化不良的毛病。

《華爾街日報》專欄作家喬治·米龍（George Melloan）在 11 月 10 日發表文章："Politics Aside, Let's Look at Economic Dysfunction"（政治之外，讓我們來看看經濟的毛病）。米龍認為從表面上看，美國社會似乎繁榮、富強、健康的型態，然而在表面下的美國社會表現各種徵兆，非常不幸，並不樂觀。

第一，美國各種企業的營利，每一季度的報告，失望的例子越來越多。以銀行業來說，今年第三季度的營利，就比一年前同一季度的下降了百分之十二。尤其是以大型的跨國銀行為最，「避險基金」的錯誤投機，也使美國的銀行蒙受巨大的損失，銀行不得不對融資採取更謹慎的作法，也影響了經濟的發展。

第二，美國的基礎企業面臨不穩定的未來，石油市場的供應及需求不能平衡。生產的過剩，對跨國的石油企業

營利產生巨大的壓力，競爭的激烈，促成一波接著一波的
公司的兼併。許多企業出口到亞洲的產品滯銷，有些甚至
停頓出口，鋼鐵工業受亞洲賤價出口的壓力越來越強。

　　第三，為了保障企業免受國外賤價貨品的競爭，各種
各樣的企業在「世界貿易協會」（World Trade Qrganization）
的規章內，紛紛提出「反傾銷法」（Anti-dumping）來保護
自己的企業。「保護主義」的抬頭，以工會及鋼鐵工業吵鬧
的聲音最大，使情況更趨惡化的是，歐洲甚至亞洲的一些
國家也有樣學樣，無可避免的是「保護主義」將使所有的
國家，包括美國在內，都遭到經濟上的損失。

　　第四，過度的消費，由統計上看，美國家庭的今年第
三季度的收入及消費維持平衡，這表示沒有任何的儲蓄，
然而實際上的情形並非如此，消費信用的總支出，在九月
份上昇了百分之七點九，達到一點二八兆的總額，這還不
包括那些以房地產作抵押貸款的消費在內，美國家庭消費
的過分透支，引起大量增加的破產例子。個人宣布破產的
例子，是 1980 年的四倍有餘。達到一百五十萬一年的總
數，國會不得不起草收緊破產的法規，以防止情況的繼續
惡化，新的法規將要求宣布破產後的人，在收入的某種程
度內，必須繼續歸還欠債。

　　第五，銀行及金融機構的濫發信用卡，幾乎任何人不
論信用是否可靠，都可以取得所想要的信用卡，因此破產
的盛行，部份原因是銀行自己造成的。經濟學家李莉女士
（Michelle Clark Neely）在聖路易的聯邦儲備分行（Federal
Reserve Bank of St.Louis）的第三季報告中指出，破產的大

量增加，是因爲社會上已經不再認爲宣布破產是一種羞辱的社會心理有關。同時破產與離婚及賭博的合法化，也有極密切的關連，離婚使男女雙方變得更窮困。她說聖路易分行轄區內田納西州（Tennessee）是此區內離婚率最高也是破產率最高的一州，就是最佳的證明。賭博的合法化，也培養了更多欲罷不能的賭徒，促成更多的家庭破產。全美國除了阿拉巴馬（Alabama），阿肯色（Arkansas），猶他（Utah）及懷俄明（Wyoming）四州以外，都以賭博的合法化作爲生財之道，像紐約州更無恥的以廣告宣傳賭博是致富的捷徑，來引誘大眾賭博。

喬治‧米龍的結論是：「由以上所列舉的諸多美國社會病態，與空前的繁榮同時並存，現在大家都體認到過去七年的經濟繁榮成就已經逐漸退色。問題是如果真的衰退一旦來臨，是否一切的成就都將隨風而逝？1920 年代的經濟大蕭條歷史極可能重演，其他的可能結局也不會好到那裡。」

A10 罪案冠世界，囚犯逾百萬
美國該管的不管，不該管的卻管太多

如果有人說：「個人收入愈高，愈繁榮發達的經濟，極度富足的社會，最強盛安定的國家，也是罪犯最多的國家」。我相信沒有多少人會相信這個假設；然而從統計上指出，事實正好如此。美國就是這樣的國家，這並不是共產主義的宣傳，是美國人自己得到的結論。

1998 年 10 月 27 日卡夫曼先生（Jonathan Kaufman）

在《華爾街日報》上發表了一篇 "Frustration with Crime Wave, and Criminals let to a huge Surge in the Construction of Jail Cell"（〈受不了不斷上漲的犯罪潮流的困擾，不得不大興土木趕建監獄〉）。這是一篇圖文並茂的文章，他開章明義的第一句話就是：「美國有全世界最大的犯罪人口，超過一百七十萬的人是在監獄內；在過去的四分之一世紀（廿五年）內，聯邦及各州的罪犯增加了四倍；美國在過去的十年內，開銷在罪犯上的費用就上漲了一倍多：「由 1987 年的八十億美元，到 1997 年的二百十億美元。」

附在文中的圖表更是驚人，其中之一，列出美國非洲裔的男性黑人，有百分之二十八點五，西班牙語裔的男性有百分之十六，平均全國男性約十分之一的人口，將有機會在牢獄中渡過一段日子。「為什麼會墮落到如此地步？」這是卡夫曼提出的一個極具諷刺意味，卻又並不簡單的問題。要回答所以產生如此世界奇觀的現象，我們可以歸納成以下數項來討論：

第一，美國法治精神根基的不公正性。

誰都知道法律是為了保障人民的權利、生命財產及社會的秩序安寧而設立。美國的憲法及法治的根基，在立國的初期，是為了保障由歐洲移民到美國的白種人而設立。獨立宣言的起草人，受美國保守主義以聖人看待的第三任總統傑菲遜（Thomas Jefferson）傑菲遜的名言 "All Man are Created Equal"，所指的「人人生而平等」中的人，是歐洲的白種人，其他的種族如黑人、美洲本地印地安人，都不包括在這個定義之內。二百年來保守派的所謂憲法學者

及自命不凡的正人君子，爲了衛道，可謂花盡了心血。然而事實擺在眼前，最近，甚至於最保守的保守派如威廉・沙費爾（William Safire）之流，也不得不承認傑菲遜對普遍「人權」是一個虛僞的信奉者，實際上卻是奴隸制度的實行者。（Hypocritical to espouse the Rights of Man, While embracing Slavery）。中國有一句俗語：「上樑不正，下樑歪」。美國基本大法的憲法尚且如此，其他的可想而知。由於美國的憲法及法律、法制由一開始是政治理想及種族偏見的產物，其遺毒仍然保留直到如今。現在，讓我們試著更深的分析如下。

第二，法律與種族的關係。

哈佛大學法學院教授倫道・甘乃迪（Randall Kennedy）最近寫了一本 *Race, Crime, and the Law*（《種族，犯罪與法律》）。這是一本企圖針對目前美國社會上，由種族的偏見引起法律上對執行、審判、定罪的衝突，加以分析討論如何解決的專門著作。他攻擊自由主義（Liberal）無視黑人犯罪造成的嚴重社會問題，同時他也申討保守主義（Conservatives）對種族歧視的不加以過問。他的結論是：「美國的刑法制度（Criminal Justice System）應當是沒有膚色的（blind to color）分別」。他說：「應當絕對堅持法律之前無種族的分別。法律只追問個人的行爲，而不是他皮膚的顏色。」

從倫道・甘乃迪的著作中，我們清清楚楚的看到，所謂法治模範的美國，其實由古至今，其法律的理想，法制的建立，都是建立在一個極不公正的基礎上。由於基礎的

不健全，在法律的執行上要想保持公正，就是一件極困難的行動。文生・布里歐西（Vincent Bugliosi）是加州洛杉磯的律師，最近他寫了一本書 *Outrage*《簡直不像話》。這是有關美國明星球員辛普森（O.J. Simpson）殺人的著名刑事大案，結果由黑人居多數的陪審團無罪釋放，然後又由白人居多的民事法庭判決殺人罪成立。法律在種族之間無所適從。

第三，法律與政治的關係。

美國法律成為政治鬥爭的工具，不用到歷史上去追索，看看這兩年來「共和黨」利用獨立檢查官史達（Kenneth Starr）的政治迫害作為，有多少人認為是公正合理？這是為什麼「共和黨」的保守派，利用總統克林頓的生活不檢點，在宣傳媒體上製造渲染煽動無所不用其極的結果，最後竟然是保守派的議長金瑞契（Newt Gingrich）不得不鞠躬下台的原因。因此，我們必須認清楚，法律與政治的勾結，並不是專制獨裁集權的國家的專利品，並天真的以為法律與政治在自由民主的國家是完全不能混為一談的思想。其實，民主國家在這方面的應用，更是藝高膽大，招數之高，是那些落後國家所望塵莫及的高級產品。自由民主國家法律的產生，其實往往就是政治鬥爭的產物。愛德華・那扎路（Edward Lazarus）寫的 *Close Chambers*（《關閉的法庭》）就是一本描寫美國最高法院莫測高深的「黑箱」作業，法理上的剪裁，往往就是為了政治上的目的而定。

最後，讓我們來見識美國有多麼荒唐可笑並且不公正的法律。1998 年 1 月 16 日加州大學洛杉磯分校 UCLA 法

學院尤金・福洛克教授（Eugene Volokh）在華爾街日報社論版寫了一篇 "Suing the Wrong Party"（〈告錯了人〉）的文章，他舉出一個路易斯安那州（Louisiana）上訴法庭最近的判例，就是一個典型的「告錯了人」的例子。一對未成年的男女，在一個宴會進行中，在主人的廁所內發生了關係，女孩子因此而懷孕，雙方的家長在法院中，申告宴會的主人忽略了管教的責任，妙的是路易斯安那州上訴法庭，居然裁定這都是宴會主人的過失。

福路克教授指出，管教孩子應當是孩子父母親的責任，況且學校中也有「性教育」的教導，宴會的主人家又不是警察，有什麼管教的責任？由此事件引申出四項結果：第一，又多了一項法律上的責任，又少了許多個人的自由。第二，不公正，那些不知道有這項新法律的人，會莫明其妙的傾家蕩產。第三，過度的反應，那些知道有此判例的人，就不會為孩子們舉辦宴會。第四，腐化社會責任，讓那些應當負起責任的推脫責任，把責任推給無辜的第三者。

因此，福洛克教授得出一個有趣的結論，他說：「美國社會的演變發生了一個怪異的現象，一方面大家都不想擔負責任，另一方面又有太多的責任加在身上」。這項結論可以用另一方式來表達，就是：美國的法律該管的不管，不應該管的又管得太多。

A11 移民政策與美國霸業 Hegemony 的形成

自從蘇聯解體以後，經過十多年的發展，美國已經無可懷疑的在經濟貿易上、科學研究上、工業科技上、教育

文化上、政治外交上、醫藥健康上成爲領袖群倫，獨步世界的霸主地位，是當今唯一的超級強國，這已是一個不必爭論的事實。然而，1991 年當布希（Bush）總統命令國防部草擬美國應該如何以軍事超級強國的姿態來統領全球的計劃時，不但引起全國輿論及學者的訕笑和謾罵，也爲世界有識之士認爲是古今奇談。1992 年隨著美國經濟的衰退，布希總統也爲不滿的美國選民趕下政治舞台。他的軍事超級帝國的夢想，自然的也壽終正寢。誰都沒有預料到美國在軍事上沒有完成的霸業，卻在七年後的今天逐漸的形成。我們追索美國之所以有今日的成就，再比照當今世界上其他的國家 ── 日本、德國、英國、法國等的發展，就會發現其中最大的不同之處，是美國有不斷改變，繼續發展適應環境的移民政策。也是這不斷改變的移民政策，發展成了現今普及全球的美國文化。

美國移民政策的改變及發展

　　美國是二百二十二年前由歐洲移民建立起來的國家。縱觀美國的歷史，移民的活動和演進，充滿了血腥屠殺，壓制迫害，和種族歧視。其過程處處表現出的是野蠻，不公平、不人道、傷天害理。最初的歐洲移民把原住的印地安人趕盡殺絕，然後爲了發展南方的經濟環境，大量地由非洲強制地把無助的黑人作爲奴隸移入美國。十九世紀末爲了開發西北部的邊疆，建造橫越全國，貫通大西洋及太平洋的鐵路，引入了成千上萬形同奴隸的華工。簡單的說，1960 年代以前的移民政策是偏向歐洲白色人種的國策。作爲開國元勳，獨立宣言起草人，美國第三任總統的湯馬士‧

傑菲遜（Thomas Jefferson），在過去的二百年中，其所宣告的 "All men are created equal" 「人人生而平等」，不但是美國人人引以爲傲的至理名言，更爲普天下擁護民主自由的人士作爲永遠不變的真理。然而在傑菲遜的私生活裡，卻是施行奴隸制度的力行者。耶魯大學出版社出版學者西索（James W.Ceaser）著的 *Reconstruction America*（《美國的重建》）指出傑菲遜認爲自然界就是不平等的，人種也各有不同，並且不能同等看待，因此他對多元文化的民主制度存在極度的懷疑的態度，換句話說，只有歐洲的白種人才能侈談民主。連極端保守的沙費爾（William Safire）也不得不承認傑菲遜對人權是一個虛僞的信奉者，實際上，卻是奴隸制度的實行者（Hypocritical to espouse the rights of man,while embracing slavery）。一直要等到 1960 年，民主黨甘乃迪作總統時，美國對世界各地的移民才真正的一視同仁，這也造成了六〇年代以後，亞洲菁英份子投入美國移民的陣營，貢獻一己之所長，把東方文化的優點投入這移民大融爐的美國文化中。

經濟奇蹟如何造成？

美國文化是由世界各地的移民融會貫通形成，因此也是涵蓋面極廣，普及性最強的世界新文化。

勃郎諾教授（Reuven Brenner）（McGill University's School of Management in Montreal）1997 年 6 月 5 日在《華爾街日報》發表了一篇他對美國移民的看法的文章 "The Makings of an Economic Miracle"（〈經濟奇蹟的形成〉）。他說：「經濟上的奇蹟是怎樣造成的？事實上回答很簡單，

只要讓那些具有聰明智慧，才能出眾，又有決心的不同人種能自由的選擇，遷移到沒有苛捐雜稅及複雜法規的地方，那裡就能產生經濟奇蹟。當別的國家採取災難性的政策，向人民的理想、雄心抱負抽稅時，經濟奇蹟就特別的吸引人。典型的移民就是這些無價之寶的人類資產（Human Capital）。未來的經濟學家可以很正確的計算出美國在二次大戰後驚人的經濟表現，是出於美國有能力也願意去向世界各地招募那些工作努力具有才能的人材。這個世界直到十年以前，還普遍的對有進取心及有理想的人採取敵對的態度。從歷史上看，很清楚的顯明，如果世界各國都能學到創造經濟環境吸引人材不致外流，美國就絕不可能吸引外國的人材去爲自己所做的錯誤加以改正。」

作爲美國金融中心的紐約市，是廣布全國經濟活動的神經中樞，紐約同時也是最能代表美國文化的城市，而紐約市也一向是美國新移民最嚮往的城市。現任市長魯道夫・朱利安利（Rudolph W.Giuliani）就明白的指出：「比起任何其他的美國城市，紐約是由那些具有決心及夢想的新來到的美國人所建立起來的城市」他說：「紐約的移民人口在經濟上可以分成不同的種類，有專門技術職業，也有管理階級，及藍領階級。由人口調查上顯示，紐約的新移民不論是受薪的薪水階級或者自己開業，其百分比都稍高於美國本地的公民，他們帶入新的觀念，新的想法，新的活力，他們欣賞美國的價值觀念及理想，新移民不斷的向我們挑戰，要我們做得更好，而我們大家都從他們的勤勞及繁榮中得到利益。」

　　因此，我相信可以武斷的寫出以下的程式：美國的霸業是建築在不斷吸收接納了全世界各民族各人種，最出色最優秀最進取的人材共同努力不斷創新所形成。

　　美國民主、共和兩黨在移民政策上的不同，決定了兩黨前途的興衰。1993 年 8 月，加利福利亞共和黨的州長威爾遜（Pete Wilson）發動了共和黨全國性的反對移民大浪潮，扭轉了他在競選連任時的劣勢，也幫助共和黨的極端保守派在 1994 年的選舉中，一舉奪下美國國會參眾兩院的控制權，作為民主黨總統的克林頓（Clinton）也不得不隨著浪潮簽署了極嚴苛的移民法。在全國輿論一片申討非法移民災害的報導中，由中國來的「黃金冒險號」（Golden Venture）的非法移民適逢其時，成為攻擊中國移民的目標，代罪的羔羊。事實上，非法移民最嚴重的來源，是中南美洲來的西語裔人（Hispanic）。其人數之多，遠超出中國非法移民百倍以上。共和黨及保守派的輿論所以不敢挑戰西語裔的原因，是因為西語裔在共和黨內，占有可觀的力量。1980 年雷根（Ronald Reagan）由加州崛起，曾經得到三分之一西語裔的擁護。然而，共和黨的反移民政策（GOP's immigrant-bashing）改變了西語裔的投票態度，也影響了兩黨前途的興衰。專欄作家保羅·幾夠（Paul A. Gigot）在 1996 年 11 月 22 日的《華爾街日報》專欄內，就正確的預見共和黨的反移民是短視的政策，對共和黨的將來，將產生災難性的結果。他說共和黨的保守派把大量的新移民 ── 古巴、中南美洲、亞洲 ── 趕入民主黨的陣營，重演了共和黨的保守派在 1930 年代把當時的新移民

—— 義大利、愛爾蘭 —— 一起趕入羅斯福的民主黨的活
劇，也造成了以後五十年內民主黨控制美國的局面。今年
11 月 3 日的選舉，證實了 Paul A. Gigot 的遠見，民主黨在
西語裔、亞裔、非洲裔的合作努下，把共和黨內保守派的
靈魂人物 Newt Gingrich 趕下了政治舞台，也造成共和黨
內嚴重的分裂。我們可以很保守的估計，民主、共和兩黨
在未來的政治鬥爭中，對移民政策的選擇，將更爲穩重、
更爲現實、更爲小心的去從事進行。

結　論

在這二十世紀行將結束的年代，我們都親身經歷了美
國如何在國內國外到處都是動亂不安的局勢下，竟然完成
了舉世所未有的霸業，而我們也預祝美國將在未來不可知
的歲月裏，能繼續領導世界走向更具挑戰性的廿一世紀。
三年前，當美國全國陷入由共和黨保守派發動的空前浩大
的反移民風潮時，民主黨內人人禁若寒蟬，然而作爲美國
靈魂的經濟首都的紐約市，卻在共和黨市長魯道夫・朱利
安利的領導下，發表了一篇獨排眾議，擁護移民的宣言（參
看 1997 年元月 1 日《華爾街日報》"Keep America's Door
Open"〈讓美國繼續打開大門〉）。現在讓我把這篇文章的
結尾翻譯出來，作爲我預測美國霸業能繼續維持下去的依
據。

「我們很幸運有那些具有智慧及遠見的領導者，其中
有亞伯拉漢・林肯，他們瞭解美國需要有新移民帶來的競
爭。我們今天面對的問題和一百五十年前是一樣的；我們
是否不敢面對競爭的挑戰？或者，我們是否有足夠的勇氣

去迎接各方面的壓力和試探？我們是否確認我們極需要有
新來的美國人去保持美國的活力？紐約是這國家最富有，
最成功的城市，紐約也絕不是偶然的是這國家最偉大的移
民城市。我們（紐約市）必須領導全國對移民作更深入的
認知及瞭解，如此做法，我們將保障我們的經濟利益，公
眾的健康和安全，保持強大、樂觀、公正和人道的態度，
這些都是美國之所以建國的基礎。」

A12 華爾街股票市場影響全世界經濟

　　如果說紐約是美國「經濟首都」，那麼華爾街的紐約股
票市場就是美國金融的心臟。紐約股票交易所是在 1792
年開始成立，發展到今天，不僅是美國最大的交易所，也
是全世界股票交易所的龍頭老大。當初股票交易所成立的
道理非常的單純，企業最需要的是資本去創業及推展業
務，而股票的交易提供了一個卓越的促進經濟成長的方
法。股票交易使得資產得以自由流動，讓巨額的資金迅速
的流向新的商業機會；同時，股票交易也使新發達的富有
商人以他們手中握有的公司資產，換取更多的資本，讓投
資者去分享企業的利益，而不必實際去從事企業的經營及
管理。從這種簡單的開始，紐約的股票交易發展到今天，
在高科技的推波助瀾裡，成為極複雜、極難以控制、卻影
響深遠，涵蓋全國甚至全球的經濟活動，實際的例子多不
勝枚舉。

　　從歷史上追索，最著名的當推 1929 年的紐約股票大崩
潰。那次的災難是由於投機者借貸去投資股票，那時的投

資者都認為投資股票的回收可以超過借款及附帶的利息。
這種想法當初似乎很合邏輯。譬如 1928 年美國廣播公司的
股票由八十五元就曾經上漲到四百二十元一股。但是當股
票價值開始下滑急降時，債主（銀行）發現自己也被投機
的負債者拖下水，情形的演變愈來愈嚴重，到 1933 年的 3
月，終於發生了想像不到的結果，所有的美國銀行統統關
門結束營業。股市的崩潰造成美國及全世界令人談虎色變
的長期性的世界經濟大蕭條。由此可見股票市場對美國經
濟發展影響之巨大。

　　1998 年 6 月 23 日普林斯頓大學經濟學教授布登·馬
爾凱（Burton G.Malkiel）在《華爾街日報》上，發表了一
篇 "Wall Street Moves Main Street"（〈華爾街股票市場推
動美國的經濟〉），闡明華爾街的股票市場與美國日常經濟
發展的相互關係。他說：近年來華爾街股票市場大起大落，
使人引發一個極重要的問題，那就是：股票市場和日常的
經濟活動，到底有怎樣的相互影響？是這兩者有密切的連
繫呢？或者，股票市場僅僅只是賭博的場所，與日常的經
濟活動沒有任何的關聯？或者，過去幾年美國經濟的繁
榮，是由於股票不斷上漲所促成？那麼，如果股票市場滑
落，是否意味會中斷經濟的繁榮？他說，要回答這些問題，
我們必須先瞭解股票的價值對經濟活動的影響。馬爾凱分
析股票的價值對美國經濟有三方面的影響。

　　第一，股票價值上漲，促使一班投資者具有更大的財
富，因此也提高了一般人的消費習慣。最近幾年美國經濟
的榮景，最主要的因素就是消費的不斷成長及擴充。股票

成為一般家庭中財產的主要部分，已經超越了傳統上以房地產為家庭財產為中心的地位。但是股票價值上昇與消費增加，到底有什麼程度的關係，在經濟學上沒有辦法精細的預測及估計出來。這是由於這種關係因美國的稅制及退休制度變得模糊不清。一般家庭因股票增值增加的資產，大都是存在暫時免稅的退休基金中，過早的領出存款，在稅務及退休金領出制度上將蒙受罰款及損失。其次，就那些更富有的以退休金之外的財富來做股票投資者來講，股票的增值將促成高級消費品及大項目耐久性的消費活動。因此沒有人可以預測，如果股票市場狂瀉，對消費活動將會造成怎樣的結果。

第二，高漲的股票可以降低企業借貸資本的費用，因此有增進企業擴充投資的傾向。Goldman Sachs 投資銀行的經濟學家相信，股票的價值對企業的擴充投資，有極重要的影響。依他們的估計，從 1995 年到 1998 年借貸資本的費用已經降低了百分之二十四，因此促成百分之十二的投資增加。

第三，股票價值的漲落，將影響消費大眾及企業的信心，高漲的股票將使大家都更具信心，滑落的股市產生抑制消費的傾向。經濟學家保羅・山謬遜（Paul Samuelson）的名言「股票市場在過去的九次衰退裡，正確的預示了五次的來臨」。因此股市仍然是將來企業發展的首要指標。一個急降的股票市場，對美國長期的經濟發展，將是嚴重的打擊，企業可能延遲或者放棄重大的投資，而消費者也避免購買大項目的消費品。總之，華爾街與美國的經濟緊密

的結合在一起，股票劇降，消費及企業擴充一定會受到牽連。因此，一些經濟分析家擔憂，如果股票到達非理性的高峰，就會增加徒降的危機。他們爭論，這是聯邦儲備銀行應該收緊銀根讓股票降溫的時候。

馬爾凱不同意這樣的意見，他認為聯邦儲備銀行的作用，是在於把通貨膨脹控制在某種可接受的程度內，並不在於為企業設立一個一般的目標。更重要的理由是沒有任何人包括聯邦儲備銀行在內，可以界定何時股票的價值已達到非理性高峰的程度，即使過度膨脹的氣泡（Bubble）形成，也沒有任何人有辦法讓氣泡慢慢的漏氣，最重要的是錢幣政策必須以經濟條件而設立，不能以華爾街的股票水準而設。

A13 共和黨攻勢遭受挫折　美國保守主義開始退潮

美國保守主義分子一向自認為是美國「沈默的大多數」（Silent Majority）的代言人。八〇年代保守主義依賴雷根總統的聲望，以宗教、道德、減稅為訴求，在政治、經濟、文化、教育上提出一系列的反科學、反工會、反婦女運動、反墮胎、反社會福利、反政府管制的保守主張。1994 年更以帶有濃厚「種族歧視」的潛意識，發動全美「反非法移民」的浪潮，在眾議院 Newt Gingrich 領導下，以與美國國民有契約的口號，一舉奪下美國參眾兩院的主導權。保守主義在基督教基本教義派狂熱的推動下，企圖由其主宰的共和黨，推動全國性的保守「反潮流」的極右政策，其攻擊的首要目標，自然是民主黨主政的克林頓總統，他們

處心積慮，必除之而後快。但是就在保守派為勝利狂歡，氣焰高漲的時候，沒有想到的是一些對他們不利的因素正在形成聚結。

　　1998 年 11 月的美國國會選舉，共和黨不但未能如他們預期的增加二十席的眾議員，反而失去五席，彈劾克林頓總統的希望落空，也令保守派的政客，在全國忿怒的民意裡張慌失措。1998 年 5 月 28 日《華爾街日報》專欄作家亨德（Ablbert R.Hunt）寫了一篇 "Two View of American Economy：One is Right"（〈美國經濟的兩個不同觀點：其中一個是正確的〉）他以兩位具有代表性的作家著作，一位是保守主義的主要理論家及極右派的首領布肯南（Patrick Buchanan）寫的 *The Great Betrayal*（《大叛徒》），另外一本是大衛斯與維叟（Bob Davis ＆ David Wessel）合作的 *Prosperity*（《繁榮興盛》）來比較。亨德認為，這兩本著作都是精心結構，寫作極佳，有歷史性的分析，又有當代實例的舉證，有高度的趣味性及可讀性的佳構。其最大的不同點，是這兩本書的結論，卻正好南轅北轍，完全相反。亨德與布肯南及大衛斯、維叟都有交情，因此他的評論應當是公正合理的裁判。

　　布肯南是美國極右派保守主義的發言人，他認為 1950 年代是美國的黃金年代，從此以後美國一代不如一代。為了拯救美國的衰敗，他兩次，1992 及 1996，投入競選共和黨的總統黨內初選，雖然兩次都失敗，但是由於他的策劃，逼迫共和黨向極右派靠攏。在競選期間，他鼓動那時失業的人士，起來反對自由貿易，他說外國進口的廉價物品是

他們失業的主因。布肯南也是美國貿易保護政策的主要理論家，他說：「我們的工業基礎正在萎縮，美國中產階級的生活水準正在逐年下降，這是因爲美國忘了美國過去工業的偉大成就，而誤以爲自由貿易促使我們強大」。他認爲美國政府被世界各國欺騙，成爲「冤大頭」還不自覺，特別是像日本那些在國內施行貿易保護政策的國家，又如墨西哥等國家利用像「北美洲自由貿易協定」（North American Free Trade Agreement）來騙取美國的企業到國外去投資。他主張美國必須趕緊建立各種貿易關卡關稅壁壘，否則美國的經濟及政治將會江河日下，自取敗亡。

　　與布肯南說法正好相反的，是大衛斯及維叟的論點，他們認爲美國正處於一個長期繁榮興盛的黎明時期，美國現在好像是騎在全球經濟發展奔馳的馬背上，國內的中產階級愈來愈富有，失業率不斷的降低，貧富的差距也漸漸縮小，他們認爲其中極重要的一項因素，而這也是聯邦儲備銀行主席葛林斯潘的主張，就是美國企業不斷加速改進生產的過程。他們在《繁榮興盛》一書中指出，歷史上企業的生產活動總是落後新發明科技一大段時間，譬如電力的發明與企業有效利用電力去從事生產之間的時間差距是五十年，然而最近美國企業在電腦科技上二兆美元的投資，已經開始讓企業立刻加速改進生產的發展。

　　這本書強調「社區學院」（Community College）在教育中產階級適應各行各業電腦化中所扮演的出人意料之外的成功實例，同時具有說服性的指出，美國沒有能力也不可能去阻擋這個快速進展的世界經濟潮流，因爲這個潮流

對聰明勤快迅速適應環境的美國工人是一個良好的恩賜。
美國之所以可以經得起逐年增加的貿易入超，是因為有更
多的外國人樂意在美國投資，以 1996 年為例，就有超過八
百四十億美元是世界任何地區都不能相比的巨大數目。《繁
榮興盛》也肯定政府在這個市場經濟發展中所扮演的重要
角色。譬如，避免那些阻止改進生產，阻止投資，阻止貿
易的保守政策；公布合理的最低工資，提高那些有能力去
支付高稅率的有錢人，對改造再教育投注更大的資本等。

　　不論保守的布肯南如何苦口婆心的說教，提高關稅受
害的將是低收入的工人，因為他們將買不到價廉的外國進
口商品，而他主張一視同仁的百分之十六的稅率，對富人
將是發財的機會、致富的泉源，受苦受害最深的，將是中
產階級，最近的歷史對布肯南的理論非常的無情。日本這
個布肯南心目中的模範，在國內施行保護政策的國家，許
許多多受保護的行業，各地的銀行、財政服務公司、工商
企業等目前都面臨破產的危機，這是因為保護政策養成他
們偷懶不求上進所造成。墨西哥是布肯南提出的另一個國
家，也沒有因為加入北美貿易協定而取代經濟蓬勃發展的
美國工業。當然，大衛斯與維叟也許太過於樂觀，但是，
他們把美國人敢於嘗試，努力上進，有樂觀的活力，有克
服困難的精神發揚光大，表明他們不但瞭解美國，也瞭解
美國的經濟。

　　由亨德對這兩本書的評論，我們可以發現美國的民意
對保守派以性醜聞作為攻擊克林頓總統的政策如何適得其
反。克林頓總統在保守主義雷根總統和布希總統十二年的

施政後，在債台高築，民不聊生，失業率高漲，股票市場大崩潰，國民失去信心的情況裡，重振美國的經濟，平衡預算，屢創破紀錄的股票新高，數十年所未見的低失業率，提升美國人的信心。這樣的政績使美國的「沈默的大多數」不再沈默，他們對保守主義以虛偽假冒偽善的宗教道德規條，不合時代的陳腐憲法規章，發出不平的吼聲。共和黨保守派在他們發動，以為萬無一失的政治陰謀裡，一敗塗地。兩位保守派的議長被趕下台不算，為行為不檢所困的克林頓總統的政績卻反而得到全國百分之七十民意的認可，也為公元二千年的大選注入了極不尋常，充滿戲劇化的變數。我們可以預測保守派的人士將清楚明白他們的一意孤行，自以為是的任性表現，對他們的將來是一無是處，未來的世界潮流，已非他們所能操縱，急流勇退應該是他們應有的歸宿。

A14 美國式文化與貿易遍佈世界
廿世紀是美國人世紀[2]

　　近來好像已經有很久沒再聽到「廿一世紀是亞洲人的世紀」的說法了。其實，僅僅兩年以前，1997 年的 7 月，泰銖巨貶引起亞洲經濟風暴以來，再也沒有人有興趣重提「廿一世紀是亞洲人世紀」的理論，因為亞洲經濟的發展，

---

2 原稿標題是：「大量的消費 Mass Consumption 使二十世紀成為美國人的世紀」。回顧 10 年前，此文所分析的美國消費文化，在二十世紀有其正面的價值及貢獻，但是進入廿一世紀，美國的消費文化也促成地球暖化、世界經濟崩潰之世人共識，則為美國消費文化的負面影響。

主要得依靠日本的經濟起飛，然而，日本的經濟自從八〇年代失去領導世界發展的契機以後，一直到現在，日本的金融企業雖護政府屢次注入刺激經濟發展的強心針，仍然欲振乏力，無所建樹，亞洲經濟復興也落入了遙遙無期的境地。《華爾街日報》專欄作家喬治‧米龍（George Melloan）在 1999 年 2 月 23 日他的「全球展望」（Global View）專欄內，引用日本銀行政策委員植田和男（Kazuo Ueda）的統計，指出日本政府目前國債已與年度全國生產總值 GDP 相等。除此之外，日本政府所擔保的債務，已達 GDP 的一倍，按照這樣的發展，五年之內，日本的債務將超越義大利及比利時，成為工業發達國家債務最大的國家。

慶應大學經濟學家島田晴男形容日本的國債就如一座隱藏在黑夜裡的「冰山」等著日本撞上去。日本的經濟危機由金融企業開始，現在正向日本各種企業傳染播散，許多日本的跨國大企業已經開始報導營利的減少或負增長。NEC 公司宣布將裁員一萬一千六百人，Mitsubishi 公司 2 月 26 日也參加了盈利向下修正的行列，宣布到今年三月為止的年度營業損失將達三億二千八百萬美元。日本的經濟尚且如此，其他亞洲國家的經濟發展也可想而知。廿一世紀轉瞬將至，未來的事，難以預料。何不讓我們在這廿世紀的末葉，回顧這個世紀所經歷的過程，再由歷史的演進中，試圖解讀將來的可能性？所謂「鑑往而知來」。當人們作這樣的回顧時，相信都會不約而同的做個結論，那就是「廿世紀是美國人的世紀」。

顯而易見，是美國在連續兩次的世界大戰後，重建了

世界的新秩序，十九世紀從英國開始的工業革命，卻由美國在廿世紀發揚光大。美國的文化，無遠弗屆地傳到各國的窮鄉僻壤；美國的貿易，以自由經濟的方式，深入世界的各國領域；美國的科技，爲全球創造了全新的疆界。五十八年以前，《生活雜誌》*Life Magazine* 的創辦人亨利‧魯斯（Henry Luce）在 1941 年 2 月號的《生活雜誌》社論內，就以肯定的語調，宣告「廿世紀是美國人的世紀」"The American Century"。當時歐洲的德國及遠東的日本，正在世界各地點燃戰爭的火焰。亨利‧魯斯正確地預告美國將參加第二次大戰，也正確地預告美國終必在戰爭中取得勝利，也正確地預告戰後美國將重建世界的秩序。他宣稱：「美國有責任及義務向全世界推廣合乎美國人的觀念」。那麼，什麼是合乎美國人的觀念？我們可以由維吉利亞州立大學歷史系教授奧立佛‧鍾斯（Olivier Zunz）的新著 *Why The American Century*（《爲什麼這是美國的世紀》）中得到答案。

　　他說美國經濟出類拔粹的成就，是因爲美國能不斷的推廣大量消費的文化，他認爲美國之所以能有這樣獨特的貢獻，是美國人具有開放不固執己見的態度。美國人拒絕了歐洲英國法國德國知識份子學院派不與外界實際工商業社會接觸的傳統模式，十九世紀末二十世紀初，美國人開始創造了一個規模龐大的「追索問訊知識機構」（Institutional Mataix of Inquiry）。富有的商人企業家，對各種學術研究所，注入巨額的資金，各大學的研究所也爲美國的大企業如美國鋼鐵公司、福特汽車公司、杜邦化學公司等，教育

出企業所需要的工程師、化學師、社會科學家與企業廣告推銷主管，並肩共同由人類行為科學的研究中，塑造出一個「一般的美國人」（average American）的消費階級，這種消費文化系統建立起來的堅強度，鐘斯一再的強調，並不在於其具有優越的科技，而在於美國的企業管理階級能夠不斷的把創新的科技應用在推廣大量消費文化上。

這樣制度化的消費體系，當然也包括了一些頂尖的思想家如華特‧利樸曼（Walter Lippmann），侯拔特‧克勞利（Herbert Croly）等，他們一而再的強調豐盛的物質產品就會產生一個和協平等的社會。他們的理論是：當國民能賺更多的錢，有能力購買更多的生活物品時，階級間的衝突，種族間的緊張關係就會自然的消失無蹤。他們認為大量的消費不但促進美國社會的繁榮，同時也使財富的民主化。這種理論可以在美國歷史上的事例得到許多的印證。廿世紀初，亨利福特發明革命性的生產線，大量生產汽車，不久以後福特公司可以在每二十四秒之內，生產一部 T 型車。由於能大量的生產，他可以把車價壓得很低，汽車不再是有錢人的代步工具，大量生產、大量促銷，也足夠他支付給工人很高的工資，這就是典型的美國式的大量消費文化。

到了廿世紀二〇年代，通用汽車公司（General Motors）經過精心的規劃，推出一套教導消費者把交通工具的汽車作為代表身份的象徵。通用汽車公司不像福特公司只生產一種 T 型車，它同時生產五種類型的汽車代表五種身份的人物，《財富雜誌》把它分成 Chevrolet 代表平民階級，

Pontiac 是自傲的平民，Oldsmobile 是謹慎而舒適的階級，Buick 是工作狂的階級，Cadillac 是富有的階級，這樣的促銷手法，使汽車的消費直線上昇。到了五○年代，再也没有人懷疑大量的消費對美國經濟發展的價值，甚至有越來越多的經濟學家斷然的把三○年代的經濟大崩潰歸罪於美國人的減少或者停止消費所形成，同時把美國取得二次世界大戰的勝利，歸功於工商業的大量生產上。大量消費使得美國的中產階級逐漸的膨脹，越來越強大，使民主政治得到更有力的支持，大量的消費也開始消融美國各民族之間因文化、階級、倫理之間所產生的隔閡。由於大家都能享受大量生產的同樣物品，誰是藍領階級，誰是白領階級已没有多大的意義。從以上的推理，我們不難瞭解，是大量的消費文化終於使廿世紀成為「美國人的世紀」。

A15「金融感冒」會傳染嗎？ 「感冒」病毒從那裡發生？

　　每逢感冒的季節，美國的新聞媒體從來就不會放過製造帶有種族歧視色彩謠言的機會，其一貫的作風，就是把美國描寫成一個受外來病毒侵害的國家，於是報紙上長篇大論做文章，電視裡也不厭其煩的天天討論，於是，那年是「香港 A 型」，那年是「北京型」，那年又是「東京型」，也許明年美國的科學家會無中生有的發明「西京 X 型」的病毒，好像所有的感冒病毒非得由遠東傳來不可，而美國卻成為最終的受害者。反正美國有全世界最懂得推銷的人材，可以說服任何人非得買他們的東西不可。

　　小查理‧沃夫（Charles Wolf Jr.）是美國鼎鼎大名研究所 Rand（藍得機構）的資深國際經濟研究員，他在 3 月 2 日的《華爾街日報》上發表了一篇 "Financial Flu isn't Contagious"（〈金融感冒是不會傳染〉）的文章。他說，東南亞的金融崩潰，加上後來歐洲的蘇俄，南美洲的巴西等地的金融風暴，雖然對當地的國民生活產生極大的震撼，對當地的經濟造成深遠的傷害，但是對美國來講，不必擔心，因為美國的經濟具有免疫的性能，不但不會被傳染，反而因此而得利。他認為美國完全沒有必要去考慮建設一個新的國際金融建築 "New international financial architecture" 以預防金融感冒病毒的繼續蔓延。他說，只要美國沒受到感染，其他國家人民的死活，大可不必去多管閒事。他的文章是美國經濟保守主義的典型代表作品。小查理‧沃夫為什麼堅持金融感冒不會傳染到美國，為什麼否定要設立國際性的金融管制機能？

　　我們只要查看他文章發表前一天，3 月 1 日的《華爾街日報》，就會明瞭原來他的文章的真面目。他的目的是要為美國解脫引起這次各地經濟災難禍首地位；是為了要美國擺脫應該有責任負起重建世界經濟秩序而辯護。3 月 1 日《華爾街日報》第一版 The Outlook（展望專欄），大衛‧維叟（David Wessel）寫了一篇 "A Job Not for Plumbers, But for Architects"（姑且翻譯成「世界經濟問題不是修修補補，應該是整個更新重建」）的文章，大衛‧維叟認為這次廣布亞洲、歐洲、南美洲各地的經濟災難是工業化國家，特別是由美國的金融政策而引起。換句話講，就是這一波

波傳染全球的「金融感冒」，病毒的發源地就是美國。因此
美國必須負起重建世界金融新秩序的責任。

　　他說：正如每一次大地震後，一定會引起各方面的探
討及各種預防的新措施。有的人會建議應當拆掉所有不健
全的建築，有的人會提議更嚴格的建築法規，保險公司也
會研究如何減少鉅額的賠款。同樣的情形，世界經濟危機
照樣也引起各方面的探討。按照美國財務卿羅拔魯賓的
話，就是「如何重建全球金融建築（Global Financial
Architecture）以適應一個更現代化的市場經濟」。

　　光是討論當然不行，現在最重要的是看看今年六月在
德國科隆舉行的工業化國家就經濟危機第二年度首腦會
議，能拿得出什麼樣的具體行動對策？當然現在預測會有
什麼結果還太早，但是國際貨幣基金局（IMF）首腦康迪
蘇（Michel Camdessus）已經注意到許多評論員對改革的
急迫性漸漸失去了興趣，而誰都弄不清楚未來全球金融建
築將以何種方式呈現，但是最基本的問題仍然是：工業化
國家的領袖是否能控制那些利用流動的資金向無防守能力
的落後國家坐收漁人之利的行為？或者，如何預防市場背
負起超出自己能力的冒險投機活動？或者，政府是否具有
能力說服節制那些「玩弄市場的人物」（Market Players），
讓全球避免一次又一次的國際金融災難？

　　大衛・維叟認為，至少在三個領域，政府必須採取行
動：

　　第一，世界各國，特別是落後的發展中國家，應當建
立一種控制由美國流入的短期資金的制度，應當像智利

（Chile）那樣對流入的短期美國資金抽稅，這樣就可以避免美國投機客投機成功後溜之大吉，不管人家死活的行為。國際經濟事務所最近出版了一本易清格蘭（Mr. Eichengreen）的書，他鼓勵美國和國際貨幣基金應當克服華爾街的阻擋，承認這種管制是有用及合理的辦法，事實上，美國已經表現出同情智利這種限制落後國家向國外舉債的辦法。

　　第二，改變歐美經濟大國的投資行為，應當設法禁止不顧後果的借錢給發展中國家的不法活動，這種活動的後果，往往養成落後地區貪污腐敗，破壞當地的倫理道德，更造成社會動亂政治不穩等等因素。美國的 Basle 銀行監督委員會已逐漸的提高美國銀行對高風險國家及 Hedge Funds（對沖基金）借款的準備金，同時受了去年九月 LTCM（長期資本管理）「對沖基金」幾乎闖下大災禍的教訓，美國政府正很小心的擬定出要求「對沖基金」透明化的法則。

　　第三，讓私人投資者分擔愚笨投資失敗的痛苦。投資債券的人（Bondholders）將會面臨被迫延遲償還的命運，巴基斯坦政府在償還其公債的交涉中，公開要求債權國家讓步。雖然現在離重寫正式公債契約仍然遙遠，但是大聲爭吵喧鬧的華爾街告訴我們，改革已經在進行之中了。

　　由於大衛‧維叟的文章揭開了美國經濟保守主義所造成的金融感冒的真相，才有第二天小查理‧沃夫強辭奪理的辯護，然而我們由大衛‧維叟所列舉的事實，可以見證美國投機客在保守主義的鼓勵下，造成五十年來最嚴重的經濟災害，這是保守主義雄辯家再也無法漂白的歷史污

漬，小查理‧沃夫的文章應當改成「金融感冒是會傳染的，病毒的根源就在美國」才合道理。

A16 科索沃自治糾紛　恐引爆更大戰爭[3]

「北大西洋公約組織」（NATO）與美國，終於施行空中攻擊，正式介入南斯拉夫聯邦賽爾維亞（Serbia）與科索沃（Kosovo）的獨立糾紛中。依北約及美國政治家的原來估計，空中攻擊是強迫南斯拉夫接受和約，是防止南斯拉夫實行「種族清洗」（Ethnic Cleansing）政策，最簡單、最有效、最省錢的方法。然而，兩個多星期以來的空中攻擊，不但沒有促成南斯拉夫總統接受北約及美國的「和約」建議，反而促成南斯拉夫全國的團結，更加速、更徹底的完成「種族清洗」政策，趕走本來在科索沃省占人口百分之九十的阿爾巴尼亞裔人口。3 月 30 日，俄國總統特派的三位代表，由南斯拉夫帶回的消息是北約與南國之間互不妥協的決策。現在剩下的只有一條最複雜，費用高昂，並不可能永遠結束糾紛的道路，這就是逐漸昇高的軍事衝突，最終南斯拉夫將在軍事的劣勢下，被逐出科索沃，接著的將是在北約及美軍的占領下，科索沃宣布獨立。這樣以軍事行動來達到政治上的目標，可能是短暫的，也可能

---

3 原稿標題：「自治公投，宣布獨立，與美國干涉科索沃的矛盾」。十年前，美國對干預前南斯拉夫，賽爾維亞與科索沃兩地區的武裝衝突時，學術界對自治公投（Self Determination）及宣布獨立（Secession）引起不同的爭論，學者大衛‧法蘭肯引用當初發明「自治公投」這一理論的政論家華特‧利普曼自己的話說：「自治公投」根本就是違背美國理想（Un American）的原則。環視宇內，當今一些時髦政客，把「自治公投」粉飾成世間不變的真理，以完成自己一己的私利，殊不知此一名詞的首創者，已在其晚年承認自己的膚淺及無知。

引發將來巴爾幹（Balkans）地區更複雜更大規模衝突的種因。我們只要觀察同是北大西洋公約國家內的土耳其與希臘對南斯拉夫處境就有兩種完全不同的態度，就可以明瞭這決不是一件簡單的國際問題。

　　然而，這樣的結局，就是美國對國際糾紛所擬定的國策？是美國傳統的外交路線？要回答這問題，我們必須先瞭解美國對「自治公投」（Self- Determination）、「宣布獨立」（Secession）採取怎樣的看法？有怎樣學理上的探討？與一般想法正好相反，「自治公投」與「宣布獨立」的主張，並不是美國的國策，也不是美國主張推行的外交路線，甚至是「反美國原則」（Un-American）的政治構想。學者大衛・法藍肯（David Fromkin）在今年 3 月 31 日的《華爾街日報》上，發表了一篇〈威爾遜總統會干涉科索伏嗎？〉（"Would Wilson Have Intervened in Kosovo"）。他從美國參加第一次世界大戰歷史回顧中，追索美國對「自治公投」的產生背景及其後的演變中，推論即使當初使用「自治公投」這一名詞的威爾遜總統，也不會主張科索沃的獨立要求。1918 年美國威爾遜總統為了參加第一次世界大戰，向國會的演說中，第一次引用 "Self-Determination"「自治公投」（或可譯為民族自決）這一新名詞（Neologism），他說：「自治公投不僅只是一個名詞，這也是行動時絕對不可少的原則，如果今後忽視這個原則，將會產生嚴重的後果」，然後，他再加上一句：「現代世界各國必須堅守自治公投」。

　　大衛・法蘭肯認為，一直到今日，當美國考慮干涉像

科索沃這樣的國際糾紛時，無論是贊成或反對的雙方，都認為「自治公投」是美國的威爾遜主義。事實上「自治公投」的原則，不是美國的原則，也不是威爾遜的原意。1918年1月，當威爾遜擬定參戰目標時，他對多民族組成的奧匈帝國到底應採用國家主義呢？或者民族自決（自治公投）猶疑不定。最後他雖然採用了年輕的政論家華特·利普曼（Walter Lippmann）「民族自決」的建議，包括在他向國會發表的宣戰十四條內。但是他也否認是他打破了奧匈帝國統一的局面。他瞭解統一的奧匈帝國對將來歐洲的和平安定，會扮演極重要的角色，因此他說，奧匈帝國的地位「我們必須保證及確認」。二月當他再向國會發表政策演說時，他對他的決策作了更詳細的界定，因為他瞭解「民族自決」（自治公投）對歐洲將會產生極大的危險。他警告國會「所有對國家成立的期望必須符合一個原則，排斥引入新的或永遠無法調和的敵對衝突的因素，否則將來歐洲甚至世界和平都將遭到破壞。」

　　威爾遜的預言，不幸言中，奧匈帝國解體後，由於巴爾幹地區的民族衝突終於引起第二次世界大戰。1944年，四分之一世紀以後，當年為威爾遜起草「自治公投」的華特·利普曼，已經成為國際問題權威評論家，提及1918年威爾遜雖然最後採用了「民族自決」的方式，把統一的奧匈帝國弄成四分五裂，其實他根本不主張「民族自決」（自治公投）的主張。華特·利普曼這位「自治公投」（Self-Determination）的發明者，他最後自己承認「如果把自治公投作為國際間的基本大法，將不可避免的造成普世的大

混亂，使用這個原則可以使世界上所有的國家都紛紛解體」。依最新的估計，有權自稱可以進行「自治公投」或「爭取獨立」的團體，約在五千至一萬之間，如果世界真有那麼多的國家，世間將永無寧日，保證永遠戰火不熄。所以華特·利普曼說「自治公投的原則，根本是反美國（Un-American）理想的原則」。對於本身就是多元多民族組成的美國，他說美國的理想是「一個主權的國家是一群不同族裔不同文化的公民，在同一的法律保障下，享有共同的公平及自由的生活」。這個世紀經過兩次的世界大戰。美國倡議並創造的維護世界和平的機構，是植根於尊重所有現存的國家及其疆界。按美國的理論：「一個國家內的公民，必須學習在同一的法律保障下，如何相互的生活在一起。」法蘭肯在他文章的結束時，劃下的句點是：「一般而論，美國肯定國家的完整性（integrity of countries），不是一個個獨立的國家（not in the independence of nations）。」

　　作為這項結語最佳的實例，我們不妨用魁北克（Quebec）與加拿大的糾紛來作範例。1998 年 8 月 20 日加拿大最高法院對法語裔的魁北克省宣布獨立（secession）的仲裁判決是「魁北克省不許單方面（can't unilaterally）宣布獨立。如果魁北克省進行自治公投，必須先與加拿大其他的地區取得協調才能進行。」

A17 近年經濟大革命 美國股市猛升[4]

　　自今年年初開始，紐約道瓊三十種工業股票指數，一直處在激烈的巨幅上下波動之中。3月30日紐約股票交易所在一片驚呼之下，終於衝上了一萬點的歷史新高峰。在短短的不到三年之內，道瓊工業指數由 1996 年底的六千點，冒升至一萬點，其歷程甚至出乎美國經濟政策主導者聯邦儲備銀行主席葛林斯潘的意料之外。1996 年 12 月 5日，他對那時不斷上升達到六千四百三十七點的紐約股票市場，提出他那有名的，現在經常被人引用的警告：「不合理的繁榮」（irrational exuberance）。然而，紐約股票並不因他的警告而停止上升，從那時到現在，紐約股票交易上升了百分之五十五，比他更早，耶魯大學經濟學教授羅拔・特席勒（Robert Shiller）在 1996 年 7 月時就斷言「股票飛得太高，馬上會發生長久性的大衰退」。從那時到現在，股票非但沒有下降，反而上升了百分之八十七。因此，最近普林斯頓大學經濟學教授布登・馬爾凱（Burton Malkiel）對紐約股市的走向所作的結論是：「我不相信你能預測，基本上這是不可能預測的」。雖然將來不可預測，然而紐約股

---

4 原稿標題：「股票市場與美國的經濟革命」。二十世紀九〇年代是美國股票市場由科技產業首先發起，進而推廣其他企業經濟發展的動力，形成全面的經濟革命，接著股票市場由於人為的過度投機操作，形成普世的金融海嘯，終於落入耶魯大學教授羅拔特・席勒在1996 年就預言的「股票飛得太高，馬上就會發生長久性的大衰退」的命運。1997 年《華爾街日報》更引用席勒對紐約股票市場的測算，指出 10 以後，紐約股市將開始跌回 1997 年的原點。（參看 1997年 1 月 13 日 David Wessel 的展望（Outlook）專欄："Sometimes, stocks go nowhere for years". internet address: http://wsj.com ）

市上升所留下的軌跡，卻是清清楚楚的事蹟。根據這些事實所進行的分析及研究，近來紛紛出現在美國的學術研究機構及專業性的報導中。綜合最近美國的報導，給人的印象是，這次美國股票市場出人意料的表現，其實是一場美國經濟革命所結的果實。

經濟革命的第一個現象是，這次經濟革命的基礎是建築在美國企業各行各業對電腦資訊科技的不斷投資上。根據《華爾街日報》3月30日安達斯及梭默（George Anders and Scott Thurm）二人的報導，美國企業在過去的七年（1990年至1997年）中，每年在電腦資訊科技上的投資，都在十位數以上，1998年的投資比前年增加百分之三十。其結果是紐約股票上升的軌跡，與電腦資訊科技投資的上升幅度同步，也就是說，有了連續八年不斷的在電腦資訊上的投資作爲基礎，才有今日美國的道瓊工業指數達到一萬點的歷史新高。安達斯及梭默認爲，這樣大幅度的上升絕非偶然的現象。他們認爲這就是美國經濟革命重建改造的證明。任何企業恰當的應用這些新科技，就會更快、更廉價、更有效的去從事生產。而那些在科技發展中取得突破及優勢公司的股票像英達爾（Intel）、微軟（Microsoft）、思科（Cisco）等，也成爲美國投資大眾最中意的對象。應用這些公司產品的企業，也都成爲贏家。安達斯與梭默以道瓊三十種工業指數公司中七家作爲範例，說明這種經濟發展上革命性的重建工程是多麼的重要。

Chevron Corp（雪福龍石油公司）副總裁唐納保羅說「由於應用電腦科技，石油工業可以在油價低於五十年代

的情況下,仍然可以賺錢」。雪福龍石油公司利用電腦的分析,現在可以在每五次的鑽探中,取得一次石油,而過去卻需要十二次的鑽探中,才取得一次成功。從 1991 年開始,由於利用電腦,每年節省百分之十六的生產費用。

Merck(默克)製藥公司研究發展主任蕭比洛說:「過去十年新科技的應用,使新藥發展的進度,速度快了百分之二十。」

Caterpillar(克特皮勒)重型機械公司應用衛星與電腦聯合操作,使生產供應銷售存貨全球連線。副總裁波爾溫說:「如果我們的電腦出問題,我們將一無所成。」

General Motors(通用汽車公司)發展新車型,過去得用四十個月,現在利用電腦幫助設計,只需要二十個月。

McDonald 速食業大王麥當勞,應用電腦控制食物,由進貨儲藏準備到消費的流程,單單在浪費過剩食品這一項內,每年每家店面就可節省一萬五千元。

Wal-Mart Stores(華爾市場)資訊主管蒙提說:「公司的電腦系統,可以使總公司的職員立刻知道每家分店每項貨品的銷售及存貨情況,十年以前這是辦不到的事情。」

International Paper Co.(國際製紙公司)利用電腦操控的機械可以增加每天運作的時間,機械使用的壽命也可以延長。

經濟革命的第二個現象是,股票市場使美國的中產階級逐日膨脹,財富日日增加。3 月 19 日《華爾街日報》專欄作家保羅・幾夠(Paul A.Gigot)在他的華府觀察專欄內報導,股票市場的壯大,形成一個龐大的中產投資階級

（broad middle income investor class）。他引用卡脫機構
（Cato Institute）的報告，1952 年僅有百分之四的美國人
擁有股票，1981 年也僅有百分之十六的美國人擁有股票，
1991 年增加到百分之二十四，到了 1997 年每十個成年的
美國人中就有四人擁有股票。廣泛的大眾擁有美國企業的
股票，使社會主義主張勞工階級與資本家二分法的學說推
翻，使這兩種階級變得模糊不清，因此，保羅・幾夠很有
自信的作了一個結論：股票市場的膨脹及推廣，到了最後，
美國將變成人人都是資本家的資本主義國度。

　　經濟革命的第三個現象，是革命理論的建立。格拉斯
曼與赫斯蒂（Glassman and Hassett）是美國企業研究所的
研究員，他們從股票及國家債券的收益來做比較，計算出
道瓊指數要達到三萬六千點才算合理，他們認為今日股票
市場的投資者，是一群對美國企業發展有更深入瞭解的知
識群眾，而企業為了要取得投資大眾的信任，不得不在市
場競爭中進行必需的重建、合併、改進、擴建等工程。因
此形成一個不斷向上發展的循環。庫德洛（Lawrence
Kudlow）是 *American Abnudance：The New Economic and
Moral Prosperity*（《富足的美國：新經濟及繁榮的道德》）
一書的作者。他從美國的稅率修改；聯邦儲備銀行對利息
的調整控制；政府對自由貿易的倡導促進；高科技產品的
不斷推陳出新各方面，得到的結論是：這一切的發展，培
養成一個全新的股票投資階級（New investor class）。《財
富雜誌》（*Forbes*）的發行者卡爾格（Rich Karlgaard）認
為，最近網路股票的飈昇，並不是一個偶然的一時的現象，

資訊科技的進展，標誌一個「新經濟時代」的來臨。維琴莉亞‧波斯特爾（Virginia Postrel）是這場經濟革命討論中最熱心的宣傳者，在她著的《未來與其敵人》（*The Future and Its Enemies*）書中，她強調科技及經濟發展是不可預測的，同時改變及發展也是不可預防的；因此她反對任何形式的計劃及控制，未來應該在無拘無束中，自由自在的運行，因為未來將沖垮一切人為的阻礙和想象。

A18 民眾盡情享受好日子　美國人活在欠債世界

　　1993 年 8 月，美國加利福利亞州共和黨的州長威爾遜（Pete Wilson）為了要扭轉他在競選連任時劣勢，發動了共和黨全國性的「反移民」大風潮，在全國輿論一片申討「非法移民」形成的災害報導中，由福建來的非法移民「黃金冒險號」（Golden Venture）事件，不幸適逢其時地成為全國新聞媒體渲染、煽動、攻擊的對象，也成為所有「非法移民」的代罪羔羊。就連在美國的華人社會，也為福建非法移民引起的排華反亞裔形象的風潮，怨聲載道。指責懷疑是什麼力量促使那些既無語言表達能力，又身無一技之長的人，居然敢借貸巨款，又甘冒生命危險及法律的懲罰，漂洋過海，僅僅為了一圓也許永遠無法實現的夢想？許多人都認為這是一個不可思議的問題。

　　要正確的回答這個問題，我們可以由奧格斯汀那學院（Augustan College）仁朵‧卡爾達教授（Professor Lendol Calder）的新著《借貸完成美國夢》（*Financing the American Dream*）（普林斯登大學出版社印行）找到答案。卡爾達教

授在書中指出，對那些一本正經的一般美國人而言，只有那些沒出息，不成器的低能者，或者是笨蛋愚昧的人，才以借貸來渡日。卡爾達的這本書《借貸完成美國夢》，對這些自認為是「道德的維護者」的美國人，不啻是當頭棒喝，也是一本揭穿美國道德宗教偽善面具的真知碩見。傳統上的道德觀念，總認為借錢去買東西是很壞的行為，要養成儲蓄，然後享受，才是對的好的習慣。美國人繼承了一百多年前英國維多利亞女王時代這種平凡單調的道德規範的理想，美國人對金錢的這種浪漫懷舊保守的情懷，卡爾達教授認為是過時陳腐不合時宜的想法。他指出，其實在美國的整個歷史過程中，從來就沒有過完全無債時期的紀錄。他說從最初抵達美國的五月花清教徒時代，一直到今天，美國人對將來的夢想，經常是建立在借貸的行為上。他說，貫穿美國整部歷史的是一條充滿了赤字的債務大河。換句話講，美國之所以有今日的成就，都是靠了借貸來完成。與普通一般美國人的觀念正好相反，卡爾達教授的理論更具有挑戰性，更生動活潑。他認為消費活動的借貸，其實是對付享樂主義很有效的制衡力量。

當人們每月被逼迫定期繳還借貸的本金及利息時，就會培養勤快向上的衝勁，當他們流汗奔波為工作努力時，生活程度也就自然的改善。然而，當人們手上有現金時，他們就會把將來的希望丟進花天酒地裡。借貸對混亂的消費活動產生秩序，逼使人們在花費以前，更慎重的去考慮是否有能力去償還。消費的債務，如果合適合理的管理，可以防止人們養成懶墮不求上進的習慣。卡爾達教授對債

務（Debt）做了一個很有意義的界說。他說，債務就是一種嚴格的訓練，是教導人們爲了購買消費的享受，必須勤快的生產努力的工作，即使直到今天，美國人普遍認爲債務是可惡的事情，仍然有百分之九十五的美國人忠實的履行債務。卡爾達教授對負債的論點是如此的具有誘惑力及煽動性，不禁讓人們會說：「這有什麼不對？看看美國人不是過得蠻不錯的嗎？美國人工作努力，也懂得盡情的享受，美國人現在過的生活，在過去只有最有錢的人才能享受得到，這一切豈不都是得感謝債務造成？」

　　雖然美國歷史上充滿了借貸的行爲，其方式及制度多多少少是在私下秘密進行，直到二十世紀，美國才建立了一個完整公開科學化管理的制度。對於這種消費貸款的方式，一位宗教界領袖曾經大聲怒吼說：「消費貸款就是嗎啡！」他警告美國人：「消費貸款促進肉體的貪欲，把美國人變成一種只管今日狼吞虎嚥，不管明日將會是忍饑挨餓的可憐蟲」。卡爾達教授對這樣的論調大不以爲然。他說：「讓我們不用管這些人怎麼說，我們不必爲今日能過好日子而感覺難過，每一個人都知道消費文化要求每個人必須努力工作，好比有人在汽車後面貼的字條上面寫著：『我欠了一屁股的債，我現在就得趕去上班』。」

　　那些成千上萬由福建來的非法移民，每一個人都是欠了一屁股的債，有些不幸的人欠的債，也許一輩子也還不清。但是不論如何，只要任何人有機會到紐約唐人街的東百老滙大道走一趟，就會親身體驗到那裡人們的忙碌，工作的瘋狂程度，生活節奏的緊張，就會明瞭這一切活動的

背後有一股巨大的債務在驅駛推動。而我們也可以預期，總有那麼一天，在那裡的福建非法移民，將會圓了他們的美國夢，因為他們瞭解在這個世界上，只有美國才是寅吃卯糧的國家，只有美國是建立在「舉債度日」的制度上，也只有這個國家提供機會，以借貸來鞭策驅動發揮人類的各種潛能。如果沒有學者卡爾達教授的這本書，我們也許永遠沒法瞭解在這個國家裡，福建來的非法移民才是真正的美國夢的編織者，也只有這種人，才有幹勁及衝力，來實現他們的美國夢。

A19 美國政治干擾自由貿易
中國受阻撓，難加入世貿

從美國的輿論中，我們不難看到這樣的講法：「美國經濟的繁榮興盛，是建築在自由貿易的基礎上。」這好像不僅僅只是學理上的原則，同時也是美國政府財政、金融、貿易政策的依據。要批評美國不懂自由貿易，好像男人批評女人不懂生孩子一樣，是荒誕可笑，不切實際的想法。因此，美國學術界、政黨組織、企業團體，常常以自由貿易為口號，作為評論其他國家不遵守自由貿易，製造關稅壁壘，施行貿易保護政策，形成企業進步的阻礙、造成貧窮饑餓、官僚腐化、貪污枉法等的社會問題。

然而，美國真是自由貿易的「守護神」？是推行自由貿易的模範？

斯坦佛大學胡佛研究所的資深研究員馬文‧克勞斯（Melvyn Krauss）卻有不同的見解，二十多年來，他一直

抱著熱誠，及無比的信心，極力的提倡自由貿易，他反對任何形式對自由貿易的政治干擾，及任何借口的貿易保護政策。1978 年他的第一本書 *The New Protectionism*（《新的貿易保護主義》），就是批評美國政府所施行的僵硬的社會福利經濟制度，等於培養了一個新的貿易保護政策。1983 年他的第二本書 *Development Without Aid*（《不需要經濟援助的發展》）。主旨在說明援助落後國家經濟發展，最有效的方法，就是推行自由貿易，這是他對美國以經濟援助為借口，實際進行經濟侵略的自私行為，作最嚴厲的批評。1997 年他的新著 *How Nations Grow Rich*（《為什麼有些國家變得富有》），是一本綜合他二十多年來一直信守的自由貿易的專著，並更具體系統化的分析國家能夠富強興盛，唯有依賴自由貿易。他認為自由貿易可以提升資本及勞務，使其有效的應用在最確當的時間及地點上，也因此可以取得最大程度的繁榮。他說美國雖然自認為是奉行自由貿易的國家，然而美國現在卻有八千多種不同的關稅，有些進口貨得支付百分之一百的關稅，美國對成衣、紡織品、乳酪、蔗糖等等上千種的貨物設立入口的限額，成千的外國公司因為在美國廉價出售產品，得付出美國「反傾銷法」的罰款，據美國財政部 1997 年的統計，這些貿易保護政策，對美國產業所得的利益，僅及消費者損失的十分之一。

　　馬文・克勞斯指出，美國的貿易保護政策，不但所費不貲，並且產生「反生產」（Counterproductive）的效果。從他的著作中，我們清清楚楚的看到所謂美國的自由貿易，事實上是不斷的由各種政治干擾中，暫時取得的一些

成果而已。政治的干擾主要是由於政黨政治利益團體分贓的行為形成，自由貿易除了在美國成為政黨鬥爭的工具之外，更有甚者，在其國際關係中，也成為其外交政策的主要攻擊武器。就以最近喧騰爭吵有關中國加入「世界貿易組織」為例，民主黨的總統與共和黨控制的國會兩院，把中國加入這一單純的國際貿易組織，作為互相攻擊對方的利器。大衛・梅普斯（David Malpass）是 Bear Stearns 的國際經濟主任，他在 1999 年 4 月 21 日的《華爾街日報》上寫了一篇 "A Leadership Vacuum in International"（〈沒有領導者的國際經濟〉）。其中一段指責美國對中國加入國際貿易組織的「言而無信」的行為，他說：「這真空狀況申延到貿易政策，美國作弄中國，直到中國被強迫打開國內的市場，然後卻拒絕讓中國取得國際貿易組織的資格，也出賣了中國的經濟改革者，美國若多做幾次這樣討價還價、言而無信的作為，將更難取信於國際，也將導致全球貿易制度減少自由的程度。」

　　1999 年 5 月 21 日《華爾街日報》報導，美國參議院多數黨領袖川特・洛德（Trent Lott）借全國輿論新聞媒體攻擊中國間諜竊取美國國防機密的機會，公開宣布國會將通過一系列的安全法案，其中將包括出口管制，同時也會否決任何與中國貿易的提案。他特別強調：「克林頓總統最近的中國政策，是一項徹底失敗的政策；真正的問題是，現在不是讓中國進入國際貿易組織的時候，我相信我們不能信任中國。」顯而易見的是，共和黨利用中國進入國際貿易組織，作為其公元二千年美國大選的議題，為其政黨

的利益，任意的踐踏自由貿易，明目張膽的以自由貿易作爲「人質」，進行其政治的勒索。同一天的《華爾街日報》從上海發出的報導，指出七十歲的改革派朱鎔基總理，一個月前在美國才達成的中美雙方對中國加入國際貿易組織的共識，由於 5 月 7 日北約轟炸中國駐南斯拉夫的大使館，傾刻之間成爲中國左派及國有企業反對自由貿易各方攻擊的對象；許多批評他的言論，集中攻擊他爲了進入世界貿易組織，向美國讓步的十七項承諾。

　　幾星期前，在電腦網路上公開支持他爲爭取進入國際貿易組織的改革政策言論，一夕之間變成嚴厲的指責，有的形容他的作爲等於出賣國家的利益，有的說中國今日最大的悲劇是賣國者統治了全國。從這兩篇報導上看，我們不難得出結論：中美雙方都在利用自由貿易作爲內部政治鬥爭的武器。

　　5 月 27 日《華爾街日報》發自上海的報導，在中國的美國企業現在爲兩種可能發生的情況擔憂，第一，是華盛頓將加強管制出口到中國的商品，這將強迫企業不得不向政黨及官僚的要求讓步，第二，中國的企業如果得不到美國的供應，不得不另謀出路，日本及歐洲將大獲其利。在這政治干擾貿易的情勢下，自由貿易的內涵已不具任何意義，而中國參加國際貿易組織的契機，也將在雙方政治干擾下，失去其原有的希望。

A20 美國賭博大企業　影響政界最高層

　　賭博是美國日漸興盛、不斷壯大，極其重要的偉大企

業，其所以重要，是因爲這種新興的企業，對美國傳統政
治、傳統經濟、傳統社會文化具有創新改革、塑造未來的
作用。更進一步，美國建立的這一多彩多姿的企業，通過
舉世最偉大的「賭城」拉斯維加斯的繁華燦爛的景象，不
知吸引了多少全球金融政治人物頂禮膜拜，其影響力無遠
弗屆，相信將成爲二十一世紀世界各國爭相模仿的樣版。
台灣最近就爲了發行彩券，引發地方及中央爭權的鬧劇！

　　按照作家提摩西‧奧伯林（Timothy O'Brien）在他著
的 *Bad Bet*（《邪惡的賭博》）一書的統計，1976 年，[5]美國
人用了一百三十七億美元去進行合法的打賭，然而二十年
後的 1996 年，這個統計變成天文數字：五千八百六十五億
美元。這還僅僅是合法的賭博，至於非法的賭博，據奧伯
林的統計，每年至少是八十八億美元，以每年美國「超級
杯」球賽而言，就是五十億美元。美國賭博企業之所以會
如此蓬勃的成長，欣欣向榮，在奧伯林的書中舉出有兩項
極重要的因素：第一，他具體的列出賭博企業與美國黑社
會勾結的事實；第二，賭博企業對美國民主政治及消費文
化所進行的促進催化演變的作用。他說，對絕大多數的美
國人而言，賭博僅僅是一種消遣娛樂的項目，然而對一部
分不幸的上癮的嗜好者而言，這就等於飲鴆止渴，終至不
能自拔、家破人亡的結局。賭博企業的主管承認，其企業
百分之八十的營收，是來自百分之二十的少數不能自制的
賭徒，這少數的供應者得背負整個企業的重擔，其所形成

---

5 在這年以前美國只有拉斯維加斯是唯一合法賭博的場所。

的社會問題，嚴重性不言可喻。

　　由於賭博企業豐富的收入，讓各州政府看了眼紅，瞭解這是不可失去的籌聚財源的捷徑，於是紛紛通過立法，發行彩券，到了 1996 年全國五十州就有四十七州及首府哥倫比亞特區都進行彩券的發行。就以這年為例，美國各州彩券的收入就達一百六十二億之鉅。雖然各州政府利用其中部分的收入，用在教育及殘障福利上，然而這種利用人性貪念意外之財的弱點，與強制增加人民的稅收相差無幾，更糟的是，這是加在貧窮大眾的額外負擔，因為富有的上層社會，很少人會為這種機遇等於零的遊戲入迷。

　　現在讓我們來談談美國黑社會與政治人物勾結的情形。我相信對絕大多數的中國人來講，這幾乎是絕對不可能的事，想想看民主法治的聖地，尊嚴公正的國會殿堂，怎麼可能會有這樣不成體統的情形發生？

　　1996 年 7 月 9 日《紐約時報》公開社評版中，就有一篇題為 "Easy Money in Vegas"（〈拉斯維加斯的黑金〉）的文章，報導政黨與黑社會勾結的內幕。這是名記者 Sally Denton（莎拉・鄧通）的大作，內容是美國的賭博企業已經成為美國政治上，能左右政黨政策的一股不容忽視的力量。民主黨與共和黨的領導人物克林頓總統及那時參議院議長，也是共和黨總統競選者的杜爾（Bob Dole），都曾經接受拉斯維加斯賭博大亨史提夫・懷因（Steve Wynn）的競選捐獻。賭博企業不但打入政治人物的核心階層，例如杜爾議長的左右手共和黨前全國主席法倫可夫（Frank Fahrenkopf），內華達州參議員勒克叟（Paul Laxalt），杜爾

的競選財務經理摩倫（John Moran）等，都被史提夫懷恩所羅致。同時，懷恩通過民主黨的內華達州州長米勒（Bob Miller）和格藍博士（Dr.Ghancm）與克林頓總統也建立起了關係。

賭博企業並以其巨大的盈利，通過各種管道左右政黨的施政策略。拉斯維加斯的賭博企業，爲此專門成立了一個對付政府的「政府公共關係部門」。主持其事的就是曾任共和黨主席的法倫可夫，據說賭博企業給他的薪水是每年八十萬美元。這個「政府公共關係部門」至少以金錢、賄賂、要脅、恐嚇各種方式，改變了兩次政府的決策。

1994 年白宮曾經建議從賭博企業中,抽取百分之四的稅收，作爲改革社會救濟政策的開銷。與懷恩關係良好的杜爾議長當然反對增加這種賭博稅，然後據《洛杉磯時報》報導，賭博企業發動了高壓的遊說，促使國會議員群起攻擊白宮，導致克林頓總統趕快放棄了這個建議。1996 年 6 月，克林頓總統爲競選連任，在拉斯維加斯的籌款會上，當著懷恩的面，公開宣稱他的內閣（Cabinet）從來沒有這個抽賭博稅的建議，更不用說總統府白宮了。可見賭博企業公然要求總統自己打自己的耳光。共和黨的情形也好不了多少，共和黨的保守派，在基督徒聯盟的草根性的組織裡，有很強烈反對賭博企業的聲浪，其中最令賭博企業寢食難安的，就是由保守派把持的國會賭博影響委員會的召開，及這委員會的公開聽證權。只要這委員會有這種公開聽證權，那麼賭博企業所有隱藏的罪惡，像與黑社會勾結的內幕，與政治人物的私相授受，賭博大亨的金錢來往，

與毒品色情事業的相互利用等等，都將毫無保留的暴露出來。

　　為了阻止國會的公開聽證權，賭博企業直接攻進共和黨保守派那時炙手可熱的核心人物，眾議院議長金內契（Newt Gingrich）。1994 年 4 月，賭博企業大亨懷恩和金內契一同晚餐，第二天早上金內契在共和黨的籌款大會上，就當眾宣布，國會的賭博影響委員會不應該有公開聽證的權力。像這樣大規模，明目張膽的互相利益輸送的貪污枉法行為，也只有這種民主法治的國家，才能見識得到。這已經由低級原始型態的官員個人貪污行為，像那些東南亞新興的沒成熟的民主國家所作所為，進入更高級、更進步的集體或整個政黨貪污的局面。

　　湯瑪士·格利（Thomas Grey）是基督教團體主持的反對合法賭博聯盟的領袖。他公開宣稱反對合法賭博的鬥爭是另一場真槍實彈的越南戰爭。湯瑪士·格利在 1960 年代是美國參加越南戰爭時的步兵師長，現在全世界都知道，美國在越南戰爭中棄甲曳兵一敗塗地，看來湯瑪士·格利還沒有得到教訓，面臨著他的將是另一場更精彩的一敗塗地的命運。

A21 美國企業主管年薪的爭論 ― 太高？合理？

　　美國企業主管的收入一向是全世界都羨慕的對象，雖然大家都知道他們的收入每年都在不斷的增加，然而實際的情形，除了關心這發展的部份的美國人瞭解其真相外，身居國外的世人恐怕很難以想像其上升的速度及價值，究

竟達到怎樣的程度。從歷年發表的各項統計數字，我們會驚奇的發現已達到令人難以置信驚人的地步。

　　早在 1991 年 5 月 6 日發行的 *Business Week*（商業周刊），其封面的專題報導就是「總經理的收入是否太高？」根據其統計在 1980 至 1990 年十年之間，一般工人的收入增加 53%，公司的營利增加 78%，然而企業總經理的收入卻增加 212%，是一般工人的四倍。1992 年是自 1987 年股票大崩潰後，美國國內最不景氣，衰退最嚴重的一年，那年二月紐約股市道瓊工業指數降到三千二百點，許多企業營業虧損，許多宣布破產，各行各業大舉裁員，然而總經理們的收入不但沒有下降，反而快速上升。當時的共和黨總統布希不得不打破自己競選時的不加稅的諾言，提高稅率，並與那時民主黨總統候選人克林頓州長共同研擬如何增加高收入者的稅率，以減低企業主管每年高漲的收入。根據那年 2 月 2 日的《紐約時報》報導，美國企業主管當時的年薪平均數是三百四十萬，是日本企業主管的六倍，是一般美國工人收入的一百八十八倍。因此密里蘇達州的國會議員馬丁‧梭砵（Martin Sabo）在 1992 年的 3 月 7 日，在《紐約時報》發表〈國會能為企業主管減肥〉的文章，他主張國會應該對這不合理的現象加以管束，並提出了他的 "The Income Disparities Act" 按收入不同等級抽稅法案。然而，第二年道瓊新聞服務社發表 1993 年度華爾街最高收入的十位主管，其中有七位是「對沖基金」（Hedge Fund）的總經理，高居首位的當然就是那位造成 1992 年英磅大貶值的喬治‧索羅斯，依世界財金雜誌的統計，那

年他的收入是十一億美元。顯然國會並不能為企業主管減肥。其實，對沖基金之所以能在美國全國籠罩在經濟蕭條局面裡，在國際金融市場興風作浪，呼風喚雨，最主要的因素正是能在國會制定的稅制漏洞上取得巨額的財富。一直要等到六年以後，1999 年的 7 月眾議院的歲出入委員會才被迫因長期資本管理對沖基金闖下大禍後，才制定立法阻塞對沖基金在付稅上的取巧手法。

　　有了對沖基金的先例，其他企業主管在美國金融制度的容許下、在國會的縱容裡、在聯邦政府不聞不問、在學術團體沒有結論的爭論中，其年度的收入可以從從容容，自然不斷以創新破記錄的姿態呈現在世人之前。我們以《華爾街日報》每年四月為企業主管收入分析專欄為例。1997 年度，《華爾街日報》依據威廉斯摩塞公司的統計，那年收入最高的八位企業首長，排名第一的是旅行集團的參福．韋爾，他的年薪是九千三百九十萬元。兩年以後即 1999 年 4 月，同樣的參福．韋爾排名第二，年薪是一億六千六百萬元，兩年之內，他的收入增加七千三百萬。1997 年排名第五的奇異公司總裁約翰．吳爾契收入是二千七百六十萬，1999 年他排名第四，收入是八千三百六十萬，兩年之內，他的收入增加五千六百萬元。1997 年八名收入最高的總經理沒有一個超過一億元，到 1999 年八名收入最高的總經理卻有三名超過一億元。如果我們以美國總統的年薪二十萬元來做比較，以美國總統所肩負責任的重大，所做決策之艱鉅，對世界和平所作的努力，相信並不下於這些高薪的企業總經理，然而其收入之微小，豈不是不成比例，

給人有天淵之別的感覺！

　　儘管二十年來美國輿論新聞媒體、國會議員、學術團體、工會組織等，不斷的討論、研究，並且設立各種各樣的法律條文，企圖控制阻塞勢如脫韁野馬的企業主管收入，今天呈現在世人面前的事實是，美國企業主管的年薪仍然像滿月時的潮水，一波比一波更高，一波比一波更聲勢浩大波瀾壯濶。其中的道理牽涉美國企業管理制度、金融股票政策、民主政治、自由貿易、競爭的市場經濟等各種因素結合自然發展所形成，任何單方面的修改，不可能影響全面的改變。

　　艾拉凱（Ira T. Kay）是美國企業主管最佳的辯護人，1998 年 2 月 23 日，他在《華爾街日報》上發表了一篇〈總裁的高薪幫助美國經濟繁榮興盛〉。他認為要回答美國企業主管收入是否太高這個問題，我們必須先觀察企業主管的收入對美國整體經濟有怎樣的影響。如果由這方面入手，我們不難發現美國之所以成為現今全世界最具有競爭力的經濟體，就是因為企業主管的收入能按照其成功的表現而增加。美國企業在最近的二十年中逐漸的制定了以公司股票的市場價值作為衡量企業主管表現的標準，股票市場很清楚的給企業主管所作所為分出等級，並以公司股票作為獎賞，讓企業主管有改進提升公司的表現，這是前所未有的改良，也因此推廣了美國企業能在國際經濟上具有競爭的優勢。

　　成功的企業主管給職員工人及投資大眾增加了巨額的財富。由 1994 到 1996 年，兩年之間美國家庭擁有的股票

價值，由 5.7 兆增加到 8.5 兆美元。而在這兩年間，美國最大的五百間企業主管的收入，僅只占這總數的百分之一。由此可見企業主管的收入，是今日經濟穩定健全發展及未來退休必須支付的極小的代價。

從艾拉凱的理論及分析裡，我們可以推測美國企業主管的收入，在自由貿易、市場經濟、及股票市場操縱的金融體制發展下，還會每年不斷的上升，儘管這是公認極不正常，不合理的現象。

A22 美國繁榮不平衡　貧富差距越來越遠

每天從早上開始，威廉‧華特必須把一箱一箱的貨物由卡車上搬下，堆在手推車上送入倉庫，有時他會停下換幾口氣，他甚至沒時間去喝水，這樣一直工作到下班。威廉‧華特已經高齡七十三歲，他必須工作以維持他和他患氣喘病六十七歲的妻子的生活。威廉‧華特並不是特殊的例子。1997 年 3 月，《華爾街日報》報導，有越來越多的老年人放棄了退休的機會，繼續的工作下去。超過三百七十萬年齡大於六十五歲的人，在美國勞工市場上正在爭奪工作的機會。對這些人來講，反映出來的是艱難困苦的經濟現實。根據勞工局那年的統計，平均每十個達到退休年齡的勞工中，就有六個除了「社會福利金」外，沒有其他的退休收入，而「社會福利金」已經證實不足以應付目前的生活開支。

自 1985 年（共和黨雷根總統主政的年代）開始，老年人在勞工市場工作的比率，年年增加，1997 年達到全國勞

工總數的 2.9%。早在 1993 年，當時的田納西參議員、「國會預算委員會」主席吉米·沙索（Jim Sasser）就認清了共和黨和雷根總統的減稅政策，其實就是「劫貧濟富」的行為。那年 2 月 3 日，他在《紐約時報》上發表了一篇 "Soak the Rich, Not the Elderly"（姑且翻譯成「擠出富人的油水，老年人沒油水可擠」）。他說：最近「國會預算委員會」證實占全國人口百分之一，年收入超過百萬的富人，1993 年所付的稅是二十八萬四千美元，比 1979 年同樣收入的人付出的三十三萬七千美元，少付 5.3%，因此 1980 年代的減稅，主要是減少富人應付的稅，對支薪的中下階級，減稅反而成了增加付稅。「國會預算委員會」作的結論是：如果 1979 年高收入的百分之一的美國富人 33.7%的稅率沒有減少，到 1993 年，國庫每年就會多收入三百二十六億美元，五年下來，就會多增加一千八百一十億美元。因此，吉米·沙索主張應該回到 1979 年的稅率，這樣不但解決了因經費不足「凍結福利金」應隨生活指數上漲的方案，同時也避免將五十萬退休老年人推入赤貧的生活水準中。

1999 年 9 月 13 日《華爾街日報》在第一版登出記者斯萊幸格 "Wealth Gap Grows; Why Does It Matter?"（〈財富不平衡的加深，有什麼關係？〉）。他說：據最近紐約大學經濟學者愛德華吳爾夫的統計資料，約有 43%的美國家庭擁有股票，但是絕大部分只是很微小的數量，將近 90%的股票是集中在 10%的家庭中。簡單的講，就是 10%的家庭控制了全國 73%的財富。1999 年 10 月 1 日《華爾街日報》報導最新的統計，1998 年的貧窮家庭，那些收入低於

貧窮線下的美國戶口，約占全國人口的 12.7%，比以前同樣長期繁榮的六○至七○年代的貧窮家庭高出 1.6%。這篇報導是登載在《華爾街日報》市場情況的第一版，標題是 "Charting the Pain Behind the Gain"（「解析繁榮背後的痛苦」）。它說明為什麼在這麼持久的美國繁榮時期，貧窮的家庭仍然遠遠的高過 1973 年的衰退期。其中兩點主要的因素：

第一：這次持續九年的經濟榮景雖然時間很長，然而發展的進程卻很慢，雖然有這最近三年的非凡的成長，及一直降低的失業率，仍然不能彌補八○年代經濟造成的損失。最明顯的例子，可由九○年代平均中間收入家庭僅比八○年代多收入一千美元，如果扣除通貨膨脹生活指數，則僅增加一百一十美元，這是微不足道的 0.3%的改進。

第二：依政府的統計，可以見證這次的繁榮，比以前任何繁盛年代，更過分的偏向於富有階級。占全國 5%的富有人口擁有全國 21.4%的財富，比以前繁榮期 1967 年的 5%的富人占全國 17.5%的財富要多出很多。從八○年代到九○年代，收入的不平衡急劇的昇高，產生美國有史以來貧富之間最大的差距。

具有美國 73.2%財富的 10%富有家庭過的又是怎樣的生活？1999 年 4 月 8 日《華爾街日報》有很生動的描述。

在佛羅里達州棕梠海灘，1965 年哈佛大學企業管理系畢業的約翰‧卡斯特勒，正在享受他富有的生活，他是紐約商業銀行卡斯特勒哈林公司的總經理。每星期，他都由紐約飛到棕梠海灘臨海面積一萬三千平方英尺的大別墅

裡，度上幾天逍遙自在的日子。1995 年他買進約翰・甘乃
迪總統麻省的故居，花了一千一百萬元整修後，經常邀請
他富有的親朋參觀總統的睡床及總統的冬季白宮。爲了醫
治一匹他收養的名馬，他包了一架飛機專程把馬由佛羅里
達州遠送到馬利蘭州的獸醫診所，前後六年一共接送十
次，每次五萬美元，全部醫療費用一百五十萬美元。他說：
「我不需要知道任何東西的價值，只要你有錢，價值算不
了一回事，這就是自由的一部分」。在他辦公室的牆上掛著
一幅字，上面寫著：「金錢就是你一生的成績單」。在過去
的十年中，他收入超過一億美元。

　　像他這樣生活奢侈的美國富人，並不稀奇，許許多多
美國企業老闆過的生活絕不比帝王遜色，甚至過猶不及。
他們都住在宮殿式的大別墅裡，有名貴的轎車，有流線型
的私人飛機，有高價的藝術品，宣告世人這就是他們的成
就。像微軟公司的比爾・蓋茲 1997 年完成的別墅，就花了
五千三百四十萬，其中包括容納二十部汽車的大車房，巨
大的健身房，六十英尺長的游泳池及其水下的音響設備。
尤幸格是國家自動公司的總裁，他在佛羅里達州擁有一個
二千英畝十八洞高爾夫球場的俱樂部，這個俱樂部還有一
幢五萬五千平方英尺的大廳堂，三個直昇機升降場，二幢
招待朋友的大招待所，及可容納六十八部遊艇的船舶碼
頭。這個大型的俱樂部只有兩個會員，就是他和他的妻子。

　　許多亞洲人都認爲美國是人間的天堂，不錯，他們所
看到的是那些美國富人成功的一面。對七十三歲的老工人
威廉・華特及像他一樣越來越多的美國人來講，天堂離他

們實在是遙不可及，也是他們想像力所不能達到的地方。

A23 美國國債與美國經濟發展的關係

美國是當今世界的首富，是歷史上唯一的超級強國。二次大戰後，全球由毀滅破壞中覺醒，是美國以其巨大的經濟潛能，肩負起艱巨的重建工作，進而帶動本世紀科技的急劇快速的發展，改善各國的生活程度，促成有史以來最繁盛、豐富、興榮的年代。

美國之所以能成就如此輝煌的豐功偉業，自然脫離不了開國時的賢能開明的政治家所構置設計的政治制度，及網羅世界各地最優秀最獨特的人材，共同推進演變在文化、政治、經濟、科技、各種領域的改革創新而成。但是，這種種的成就必需要有一個先決條件，那就是要有強有力的經濟作為後盾。換句話講，就是必須有足夠的財力供應，才能共襄盛舉完成霸業。

問題是，這些錢由那裡出來？要回答這問題，我們不得不檢視美國國債所扮演的極重要的關鍵性的角色。

1993 年 5 月 2 日《紐約時報》「觀點專欄」（viewpoints）發表了一篇「普力茨獎」得主，哈佛大學商學院研究所湯瑪士‧馬克如教授（Thomas K.McCraw）寫的一篇文章 "Deficit Lessons: Hamilton the Hero"（〈漢彌爾敦是國債這門功課的英雄〉）。他說：當初依憲法建立的聯邦政府組成時，獨立戰爭遺留下來的債務根本無法清理。1790 年這個新成立的政府負債高達七千五百四十萬美元，約為當時這嬰兒期政府年收入的十五倍，今日美國的國債雖然絕對

巨大，然而也僅等於年收入的四倍。面對這樣恐怖龐然巨獸的獨立戰爭留下的債務，華盛頓總統在他 1794 年向國會所作的國情報告中，不得不提出極嚴重的警告，禁止國會對國債進行任何形式的拖延政策。幸好擔任美國首任財務卿的人，是當時的天才數學家亞歷山大·漢彌爾敦（Alexander Hamilton），他是他那一代人中對公共財務瞭解最深的人，他的名言就是：「世界上所有的政府，其最自然的疾病，就是不斷增加的國債」，他說：「減少債務並防止債務的增加是大家都認爲絕對正確的行爲，但是，唯一能解決債務用增加稅收以償還可惡的債務，又是最不得人心的政策」。他的論調時至今日仍具有時代的新意。事實上，他更進一步宣布：「這是很正常的現象，同一個人，一方面可以義正詞嚴的反對國家擔負債務，並企圖以抽象的理論來減少。然而，另一方面，他又強烈的反對以任何形式的稅收來償還減少或避免新增加的債務。」漢彌爾敦也許想都沒有想到，他的評論到二十世紀已經成爲極普遍的現象。話雖然如此說，然而他所取的卻是極不尋常的方法，他決不規避採取必須增加稅收的政策。他很有耐心的向國會及全國國民解釋他的抽稅制度。他提醒大家這筆債務是由於連年的獨立戰爭累積形成，這是大家爲爭取獨立及個人自由必須付出的代價及責任。另一方面，他又提出一個人人可以接受償還債務的方法。他這樣臨陣不畏縮的態度，爲他自己在共和黨神殿中，樹立了除了華盛頓及林肯外，最令人敬仰的角色。漢彌爾敦在財政上的巧思和他的經濟理論合而爲一，他設計了一個非常出色的制度，把國

家的債務安放在一個堅固的基礎上。他堅持所有的債務必須全數償還，因此也建立了國家的信譽。他要財政部承擔全國各州的債務，並以之作爲聯邦政府的首要任務，他指定關稅作爲償還國債的專款，這樣做也避免了不同單位爭奪侵吞的鬧事，同時他發行新的長期債券作爲國家銀行的資本，增強了貨幣的供應。

約翰‧戈登(John Steele Gordon)是 *Hamilton's Blessing: The Extraordinary Life and Times of Our National Debt*(《漢彌爾敦的祝福：我們這不平凡國債的一生》)這一本有關美國國債歷史的專著的作者。1997 年 3 月 12 日，他在《華爾街日報》上發表了一篇文章 **"Our Debt to Hamilton"**(〈我們虧欠了漢彌爾敦〉)。他說：「在新憲法規定下，作爲首任財務卿的漢彌爾敦有權力去發行新的聯邦長期債券，以之贖回市面上所有舊的債券。並以國會賦與之抽稅權力，準確的按期付出債券的本金及利息。利用發行聯邦債券作爲銀行信用狀的擔保，使這國家的銀行有可靠的信用及充裕的貨幣供應，也促成美國經濟快速的成長。

到 1803 年，聯邦政府的支出，控制在少於八百萬元之內，由於有了這樣良好的信用，美國才能以一千五百萬元的公債買下路易斯安那州那片一百萬平方英里，世界上最肥沃的農業用地。每次當我們付清了我們國家的債務，我們可以在需要的時候再借。1812 年戰爭之後二十年，我們付清了全部的國債，這也許是世界大國唯一的一次紀錄。」

然而，國債的形成也有其負面的影響，西北大學經濟系榮譽教授羅拔特‧艾斯納就認爲，國債之產生弊病，並

不在於國債本身，主要是政府在這弊病上所扮演的角色。
1997 年 2 月，當美國國會在平衡政府預算爭論不休時，《華
爾街日報》在其社論版的「回顧與展望專欄」內，就清楚
的指出：「事實上借錢並不是壞事；主要得看借多少，特別
是這些錢用在什麼地方」。1990 年代初期，對越來越龐大
不能控制的國債的爭論，其實是由 1980 年代雷根總統任內
施政所引起。雷根總統一方面為了從事與蘇聯的軍備競
賽，大舉擴充軍備，統計在他任內的八年，國防經費由 1981
年二千五百億，每年不斷的上漲，到他 1988 年離任時，高
達三千八百億美元。八年之內，軍費的支出就多增加了七
千四百億美元。另一方面，又進行減稅政策，因此美國今
日的國債直線上升高達五兆美元。這種沈重的負擔，加上
每年國家預算的不能平衡，終於引起全國輿論的申討，聯
邦政府及國會不得不響應全國民意的要求，在 1994 年制定
了聯邦預算平衡法規。

　　美國的國債經過二百多年政治上的鬧事，不斷的改
變，學術界也隨著國債的起起伏伏不停的爭辯討論，然而，
美國之所以有今日輝煌超級強國的霸業，依《漢彌爾敦的
祝福：我們這不平凡國債的一生》著者，約翰・戈登的結
論：「其實國債經常並不是問題，自 1790 年代產生償付國
債辦法以來，國債的存在反而成了美國這個國家最大的祝
福」。(The National debt has been one of this Country's
greatest boons)

A24 西方文化存偏見　恐會惹未來衝突

登林斯・普拉格（Dennis　Prager）是洛杉磯電台談天節目的主持人。三年前的 12 月 15 日，他在《華爾街日報》上寫了一篇在美國極爲少見，卻又非常坦誠天真的文章 "The Sin of Forgiveness"（〈饒恕的罪惡〉）。他說：「當三位被無故槍殺的少女屍體尙未寒冷時，肯塔基州西泊多卡高中基督團契的學生就宣布『麥可，我們原諒你』。十四歲的麥可・卡納爾就是這次冷血的屠殺者。像這樣自動立刻的原諒屠殺者的舉動，並不出人意料之外。過去的世代基督徒的中心教條，就是去原諒任何人，不管他的罪孽對他人造成多大的傷害，也不管他是否懺悔。這樣的教義，等於以陰險的手段毀壞美國文明的道德根基，因爲這教條把與道德無關的概念，推廣到不論你傷害到任何人，人人都得原諒你。這學說也毀壞了基督教只有神才能賜予寬恕的道德中心概念。甚至神所賜的寬恕，也是基於犯罪者向被害者懺悔後才能得到。當然耶穌向神要求饒恕那些把他釘在十字架上的人們，但是耶穌從來沒有要求神去饒恕那些殺害無辜的罪犯。也許他知道沒有任何人在道德上有權力去饒恕那些傷害他人的罪人。如果我們對我們自己所做的行爲不經過悔改，就自動的去饒恕，那還要悔改嗎？事實上，如果我們去饒恕那些對他人造成傷害的任何人，那還需要神饒恕我們的罪孽嗎？」

難怪，普拉格在他文章的結尾發出絕望的哀鳴說：「我原以爲基督教的信仰可以重新振作復興美國的道德水準，

但是，由西泊多卡的事件看，我們還有希望嗎？」

　　洛基·金伯爾（Roger Kimball）是美國保守主義 *The New Criterion*（《新標準雜誌》）的總編輯，今年 11 月 22 日，他在《華爾街日報》上寫了一篇絕妙的奇文 "In Defense of Hypocrisy"（〈為虛偽辯護〉）。他說：「當我還在大學求學時，那時盛傳一位德國哲學家馬克·席洛（Max Scheler）的故事，席洛是以考察倫理著名的思想家，就如他的名著《人在宇宙中的地位》。他同時也是一位精力充沛的玩弄女性者。有一次一位崇拜他的人，為他的行為煩惱，就質問他，為什麼他的寫作是如此的高尚，充滿提升道德情操的內容，然而他的私生活卻如此的矛盾齟齬？席洛的回答帶有啟發性，他說：『指向波斯頓的路標並不一定到那裡』。事實上，席洛是為虛偽辯護，他的意思是說，他把他的理想很清楚的寫出來，遠比他腐壞的私生活更為重要。對一個高貴者的失敗行為而言，虛偽成為必不可少的要素。拉·盧棋福卡爾（La Rochefoucauld）有句有名的評語：「虛偽是邪惡向美德的讚美」。這句警語曾經一而再的被引用，然而一般而言，我想都被錯誤的解釋，這句警語的意義，依新聞業者的用語，應當是『最響亮的講道者，也許是最不能信任的人』。但是我想拉·盧棋福卡爾的原意是暗示：『虛偽就是盲目的承認美德與完善』。」

　　由以上的兩件例子，我們看到的是歐洲文明以宗教信仰作為道德倫理的標準，就是盲目的承認美德，是不切實際，人所不能達到的境地，因此，這些標準也成為虛偽的表徵。

　　再過不到一個月，二十世紀就要進入歷史，當人們以
期待的心情迎接未來不可知的新的千禧年時，回顧自己所
走過的道路，就會發現，在過去的這一千年中，在人類發
展歷史上，確實具有劃時代的意義。當歐洲由中世紀神性
宗教控制的黑暗世紀中蘇醒時，文藝復興把歐洲的文明帶
回古希脈羅馬的理性人性的境界。數學、天文、哲學、藝
術、科學由宗教的嚴密的控制中解放出來，歐洲文明因此
而綻放出燦爛的光輝，爲全球人類的生活提供了多彩多姿
的物質享受，然而植根於宗教的道德觀念卻是虛情假意的
產物，更有甚者，由於這種宗教的道德觀，歐洲的文明把
全人類帶入幾次全球性的大災害中。

　　西班牙人可以用宗教的理由毀滅整個南美洲的印卡文
明，北美洲的歐洲移民可以用同樣的文化上的差異結合種
族歧視的傳統，趕盡殺絕北美的印地安原住民，歐洲文明
所標榜的人權、自由、民主，原來的含義是僅至於歐洲人
的範圍，所以，當初歐洲菁英所組成的美國聯邦政府，可
以堂而皇之的在憲法上清楚的寫上「人人生而平等」，卻可
以公開的進行奴隸制度。這就是「最響亮的講道者，也許
是最不能信任的人」。也是「對一個高貴者的失敗行爲而
言，虛僞成爲必不可少的要素」的最佳說明。歐洲文明產
生的最大災禍，可以歸之於世界第一次及第二次大戰。第
一次世界大戰是歐洲國家間爲爭奪殖民地引起。第二次世
界大戰是歐洲國家間爲不同的理想：專制獨裁，社會主義，
國家社會主義，共產主義，資本主義等的爭戰，而導火線
就是歐洲國家間宗教及種族歧視而引起。歐洲文化上產生

的這種宗教道德觀及種族偏見一直遺傳到今天，也為將來的世界隱藏了災難的種子。最顯明的例子我們可以由哈佛大學國策研究所撒莫爾‧亨丁頓教授（Samuel P. Huntington）寫的一篇文章中窺其真貌。

1993 年 6 月 6 日，《紐約時報》轉載了這篇文章，"The Coming Clash of Civilizations or, the West Against the Rest"（〈未來文化的衝突，西方對抗全世界〉），這篇文章一開始就定下結論，他說：「世界的政治正進入一個新的階段，在這階段中衝突的來源，不是不同的主義，也不是經濟利益。不同的文化把人類分成不同的族群，而這也將是衝突的主要原因，全球政治上的衝突，將發生在不同文化組成的國家之間，而文化上的衝突將主導全球的政治。」

他把世界上的文化分成八大類，代表西方的歐洲文化、孔子文化、日本文化、依斯蘭回教文化、印度文化、斯拉夫東正教文化、拉丁美洲文化、非洲文化。從他為文化分類的觀點出發，我們不難發現他把宗教信仰作為文化分類的標準。他認為在文化的組成上，宗教扮演了一個極重要的角色，因為宗教可以把不同階級的人結合起來，形成一個獨特的群體。所以宗教是文化組成的代表。

在這些文化中，亨丁頓特別提出孔子文化與依斯蘭回教文化將是歐洲文化未來最主要的敵人。因此西方國家應該努力促進民主和自由，使之成為普遍的價值，應該維持軍事上的優勢，並謀取經濟上的利益。從他西方對抗全世界的觀點，我們不難看出，他暴露出這種文化的對抗帶有極明顯的種族偏見的色彩。因為從宗教形成文化的特點上

看，儒學不是宗教，孔子的儒學是超越宗教的倫理哲學，何況自五四運動以來中國的儒家學說已被宣判死刑。其實，中國自 1911 年以來，所有的政治活動，由孫中山的三民主義到共產黨的科學社會主義，到台灣香港的民主政治，都是歐洲文化的產物，一步一腳印的跟在歐洲文化屁股後面跑，構不成與歐洲文化衝突的理由。那麼造成東方與西方對抗的因素剩下的就是，西方文化中種族偏見的因素，這將是造成將來衝突的唯一理由。

雖然，亨丁頓教授在他文章的結論中提出，「在最近的將來，不會產生統一的世界文化，世間將充滿不同的文化，而這些不同的文化必須學習互相瞭解互相容忍，才能和平共存」。

然而這種學習和平共存的理想，及對各種不同文化的瞭解及容忍，必須西方文化首先自己檢討其文化上所帶有的傳統種族偏見，並反省西方文化以宗教信仰作為道德倫理的基礎是否合理？只有這樣世界和平共存才能實現。

A25 西方文化造成動亂　新千禧年哀思

當懸掛在紐約「時報廣場」宣告新千禧年來臨的彩球，正吸引千千萬萬美國人的注視；當美國在這世紀末的九○年代，正為國內創造前所未有的繁華富強，並為未來的燦爛前景準備狂歡慶祝時，各地的報章雜誌傳播媒體不約而同，風起雲湧的為過去的世代試圖作個總結論。於是各種各類的刊物，更大張旗鼓的從各方面各個角度，分析、討論、爭辯、報導各自的見解。這些結論，大多數都是讚揚

歌頌歐洲的文化創造了人類文明空前的進步及成就。譬如，12 月 16 日《華爾街日報》社論版，波斯頓大學國際關係教授大衛‧法蘭肯（David Fromkin）寫了一篇〈中國怎樣失去了全球首席的地位〉（How China Lost Its Spot A top The World）。他說：「當時鐘由 12 月 31 日午夜邁入公元二千年時，我們不僅僅是由一年進入新的一年，也是由一個世紀進入另一個新世紀，同時也是由千禧年進入另一個新千禧年。然而，新的一月一日，與昨天將是同樣的情形。那就是：在世界上獨立的國家中，美國將繼續領導全球。美國是現在世界的原動力，將繼續的領導去改變這個世界。然而，過去的一千年發生了什麼變化？如果我們把日曆翻回公元一千年，我們會發現，那時居於世界最高領導首席地位的是中國的宋朝（960 年至 1279 年）。其他的古代文化都已衰敗式微，只有中國不僅僅生存，並且繁盛興隆。宋朝的中國為經濟的革新所驅動，成為時代的先驅。商業及都市化蓬勃的發展，新的農業產品，活字版的印刷術，航海的指南針，紙幣火藥的發明，都遙遙領先歐洲幾百年。中國在一千年前，是當時最進步最繁榮人口最多的國家。中國也自覺在他四周所接觸到的文化中，是最文明最富有的國家。雖然宋朝的中國有許許多多的成就可以作為當時的榜樣，然而中國認為四鄰比自己落後，並不希望去建立密切的關係。因此一千年後最明顯的差別，就是那時世界的霸主中國宋朝並不企望去改變世界，而今日世界的霸主美國卻有強烈的企圖去改變世界。一千年前傑出的中國文化只浸淫在自我的發展，並致力保持自己的地位。

這政策使這古代的國家成為有史以來享有最長期發展的文明，然而也由於這孤立主義，讓中國在十九世紀與現代文明接觸時崩潰失敗。與此正好相反，第二個千禧年結束時的霸主（美國）揚棄了孤立主義，成為向外發展的國家。美國號召世界上的國家跟隨他去改造世界。千年前的霸主（宋朝）是處在靜止的狀態，公元二千年的霸主是動態的。在未來的千年（公元三千年）我們將會知道那一種政策更正確。」

12 月 12 日《紐約時報》的社論「科學發展的新方向，過去與現在，千禧年的反映」它說：「在這新舊千禧年交接的時候，科學科技發展的進度蓋過了一切，當我們買下一台電腦時，它已經成為陳舊的古董，新發現宇宙邊沿的遙遠，讓我們產生敬畏的心，科學家正在競爭去完成人類全部的基因。過去的五百年，科學成為主宰知識的主力。科學取代宗教及哲學作為主角來解釋自然界的世界，科學也重新改變了人類在宇宙中所處地位的觀念，並帶來了接連不斷的科技上的奇蹟，當然也帶來潛在的危機。」

對於以上兩種評論，相信不會有人提出疑問，因為這些都是具體的事實真相。歐洲文化在最近的這五百年及將來的歲月，無可懷疑的將繼續在科學、技術、醫學各種領域領導世界，為全人類創造更輝煌的將來。然而，在回顧過去的歷史時，歐洲文明展現在世人面前的另一面，卻是極不光榮，充滿血腥醜惡兇狠的面孔。喬治‧米龍（George Melloan）在今年十二月十二日《華爾街日報》他的全球展望專欄中寫到：「雖然我們四周的世界有了極大的改變，但

是這並不證明，驅使人類進行慘酷屠殺和破壞的原始野蠻
力量有多少的改變，這將要逝去的世紀也是一個大屠殺的
世代，兩次的世界大戰，及數不清的小型戰爭，有些現在
還在進行中，科技給予世人歡樂和享受，同時也給予人類
最有效的屠殺方法」。

　　歐洲文化所以造成人類前所未有的災難，毀滅、破壞，
顯露其恐怖可憎的真面目，是因為歐洲文化把道德的標
準，建立在宗教的基礎上，這是二十世紀各種大災難的禍
根。道德如果附屬於宗教教義上，就形成道德的局限性。
因此猶太教有猶太教的道德觀，天主教有天主教的道德
觀，東正教有東正教的道德觀，回教有回教的道德觀。換
句話說，道德沒有普遍性。

　　因為道德局限在特有的宗教教義裡，產生的結果就是
對種族對其他文化的歧視，並無可避免的捲入政治的衝突
中。因為野心的政客往往利用這些宗教上產生的歧視作為
鬥爭的工具。這種例子不勝枚舉，譬如，最近 12 月 21 日
《華爾街日報》登載了哈佛大學歷史系教授雷卻畢比斯
（Richard Pipes）的「國家主義又開始抬頭」中說：「俄國
的歷史，並沒有為俄國民眾準備一種西方文化與西方的制
度與他們同類同源的觀念。自從十五世紀拜占庭帝國滅亡
後，俄國是唯一最重要的東正教的基督教。東正教一向認
為天主教與所有的改革派的基督教都是異端邪說，並對西
方（歐洲）採取疏遠敵對的態度。這態度在共產主義下也
成為官方的理論，對他們而言，資本主義代表西方」。法國
哲學家托克唯（Tocqueille）對美國民主的形成，作了很中

肯的界定，他說：「美國人把基督教的理想和自由主義緊密的編織在一起，如果你企圖把宗教與美國的民主分開，你就破壞了美國的民主」。簡單的講：美國式的民主必須以宗教作為基礎，沒有基督教就沒有美國式的民主。這也是為什麼哈佛大學國策研究所教授撒莫爾・亨丁頓大膽的提出孔子的儒家學說及伊斯蘭回教國家沒有民主，將來必成為美國最主要的敵人。

然而民主就能保障和平？同樣是歐洲古老的民主國家英格蘭與愛爾蘭就打了幾百年的戰爭，一直打到現在還沒有結束。加州洛杉磯大學教授湯瑪斯・葉滋（Toms Schwartz）和斯坦佛大學教授凱隆・斯肯勒（Kiron Skinner）女士，1999 年 1 月 7 日在《華爾街日報》上合寫了一篇〈民主與天下太平的神話〉，其結尾是：「民主仍然是件好事，但是像所有好東西一樣，民主並不能使民主國家之間產生和平，因此像所有好東西一樣，把和平的目標放在民主上是一件極危險的想法。讚美民主吧！但是別忘了收藏起武器」。

加伯利・薛佛爾德（Gabriel Schoenfeld）是美國保守主義《時事評論雜誌》（Commentary Magazine）的編輯，1996 年 12 月 13 日，他在《華爾街日報》上寫了一篇〈反映一位前任總統的真貌〉的文章。這篇文章充滿了對前總統吉米・卡特（Jimmy Carter）惡毒的攻擊，充分暴露了美國保守派對卡特的仇恨。其原因就是卡特居然用「保守主義認為是自己獨占財產的基督的愛」來做國際工作，他們認為「基督的愛」只能給基督的信徒，愛基督就必須仇

恨魔鬼，對魔鬼可以使用任何的手段。保守派的最愛，就
是由演西部武打電影明星成為美國總統的雷根，雷根曾經
說過，對付魔鬼（蘇聯）就是置之死地，沒有商量的餘地，
凡非我族類就是該死。加伯利‧薛佛爾德在他文章的結束
時，寫下以下的句子：「歷史上最不可解釋的疑問，何以一
個偉大的國家竟然會讓像卡特這樣的人來領導？」

　　按保守主義的想法，當然沒有答案，幸好美國保守的
基本教義的基督徒占的是少數。他們不能瞭解吉米‧卡特
的主張牽涉到基督教更廣大的一面。簡單的講就是，愛應
該包容恨，愛比恨更偉大。同時別忘了，愛並不是基督教
私有的財產，獨立的特權，愛是全人類都具有的美德。道
德不能僅存在特殊的宗教教義中，道德應該是普遍存在
的。如果把道德作為宗教的人質，這世間永遠不會安寧。
難怪二十世紀的動亂都可歸納成一個公式，那就是：歐洲
文化把道德與宗教結合在一起，造成人類有史以來空前未
有的一些大災難。

A26 海外華人的奮鬥史

　　在紐約華埠狹小雜亂擁擠的一個角落，在擺也街
（Bayard Street）和茂比利（Mulberry Street）的交叉口，
有一幢五樓百年的老學校，在二樓的最後一端，有一間小
小的，據說是全美唯一的一間美洲華人博物館（Museum of
Chinese in the Americas）。館中陳列著的，是早年華人移民
海外的一些遺物、照片及文件。這小小的陳列室，彷彿在
那裡靜靜的為來訪者訴說著海外華人的奮鬥經過。

　　首先映入眼簾的是一段「遺棄追尋」的引言，它說：「華人在美的首一百年歷史，是絕對不能用現今的生活水準來理解及比較，傢俱衣物堆在斗室中，有如垃圾堆，埋葬於蒙大拿的礦地中，或在愛達荷的田地下。從十九世紀曲折的唐人街道路，到現今突然湧入的新移民，成千上萬的新家庭，分佈在美洲每一角落，以每個家背後，都有一個不同的故事。而要去理解並讓故事伸延下去，便是我們每一個人的責任。你最懷念甚麼？這件事對你有何意義？這物件對你父母又有何意義？生命中每一件人和事，都有它的一段意思，並帶來一段回憶，它們各有不同，錯綜複雜，但每每背後都帶著一個不同的故事。」

　　從這麼一段簡單的引言，我們可以看到，要想瞭解在這些不同的故事，及錯綜複雜的關係組成的海外華人奮鬥史，將是一件極繁重困難的工作。然而，為了讓這歷史繼續的伸延下去，卻又是每一位海外華人不得不負起的責任，因為如果你不知道你從那裡來，你又怎麼會清楚你將來奮鬥的方向？

　　緊接著引言後面的是一段：「移居（Migrations）外來強迫因素」。它說：「數百年來，中國都享受著工商的利益，對外輸出，並限制西方對內輸入，而西方國家卻希望開拓中國市場。英國首先發動鴉片戰爭（1839-1842）。而戰敗的中國被迫開放對外西方貿易。旅程的終站，各種苦役等待網羅這批南中國移民，秘魯利用他們收集沿岸鳥糞，包裝出售作糞肥，千里達用他們收割甘蔗製糖，華工更在北美洲各地鋪作鐵路，在加州，蒙坦那，俄里岡開採金礦，

從事洗熨、飲食、農耕行業，也有一部分人經營小買賣。最初，大部分人希望還鄉與家人團聚，利用西方苦役購得金錢，保障今後家人溫飽。然而，現實殘酷，惡劣的工作環境，種族歧視，經濟拮据造成重重障礙，使大部分人有家難歸。」

這一段的描述簡單扼要地道盡先民移居海外的悽慘命運。移民的終站，除了各種苦役等待之外，更有種族的歧視，而種族的歧視是促成海外華人在政治上的覺醒及努力追求經濟上成功的發酵劑。

海外華人在政治上的奮鬥

政治上的覺醒是海外華人遭受不平等待遇及迫害，而又投訴無門，滿清政府對海外華人的不聞不問，是引起的最直接最強烈的反應。顏清湟教授在他著的《星馬華人與辛亥革命》一書中說：「甚至中國在鴉片戰爭戰敗後，被迫與英國簽訂了南京條約（1842）之後，雖然歐美屢次要求準許華人傭工謀生，此種不保護海外僑民的政策，仍然持續未變」。「澳洲、紐西蘭、加拿大等英屬殖民地政府及美國政府所採取的一系列反華與排斥華僑的法案，即為一例」，「清政府之日益無力保護海外華僑的利益，也為反滿清革命者利用之，以在華僑社會中製造反滿的情緒」，「這種強烈的反滿思想，即為海外華僑參與革命運動，終至導致發生辛亥革命的一項重要的特色」。其實，自清末以來，中國國內的政治活動與動亂，都與海外華人有不同程度的關連。顏清湟教授書中前言也提到：「除 1911 年的辛亥革命之外，海外華僑對於中國近代的革命運動，常扮演著不

顯著的次要角色。」

　　然而，海外華人在政治理想及政治主張上，向國內傳播及宣揚方面，反而更具有決定性的效果。簡單的講，中國近代的政治鬥爭，起源於資本主義與共產主義的爭權，皆經由海外華人引介進入中國。資本主義由留學英美的海外青年帶入中國，以嚴復的翻譯《原富》，孫中山主張的民族、民權、民生可爲代表。共產主義由日本及歐洲傳入中國，以周佛海及留法勤工儉學的周恩來、鄧小平等爲代表。這場政治上的鬥爭，一直延續到今日，並不因時過景遷而停止下來。海外華人仍然處身在如何平衡這兩種主義所引起的爭論中。我們可以用兩位海外華人，對這兩種西方政治思想，具有認知代表性的人物，對這兩種政治主義，提出極中肯而公正的評論，來見證這爭論的重要性。

　　陳公博是中國共產主義的發起人之一，是共產黨第一次全國代表大會，南方廣東的代表。然而，當他留學美國時，對共產主義的評論，直到今日仍具有極高的價值。在他著的《寒風集》中，他直言無畏的宣稱共產主義的不合理。他說：「我最先發覺的，就是馬克斯所說中產階級消滅的理論，絕對不確。從我的調查統計，美國那時距馬克斯的共產宣言出世，中產階級不但沒有照他的推想被消滅，反而增加至百分之十二。第二個發覺的是，馬克斯的辯證法不確，辯證法是由希臘形而上學的學者斯諾所發明。據黑格爾的辯證，一切進步都由於矛盾，由矛盾而生真理，這樣相反不已，而相生也不已，但我不懂馬克斯爲什麼獨斷了無產階級專政的正面便停止，而不復有無產階級的反

面？因此，我認定共產宣言不是真理，而是對工人的宣傳，既然他的理論不是真理而是一種煽動宣傳，所謂科學的社會主義便根本搖動了。第三個發覺：馬克斯所謂剩餘價值也是片面的觀察，據馬克斯的主張，一個工廠的盈餘，都是廠主剝削工人而來的，在一個小小的手工廠，這個理論還有些相似，但施於大產業則馬克斯的理論完全失了根據，譬如，拿一條鐵路來說罷，鐵道是獨占的事業，剩餘價值很多，但剩餘價值決非單由於鐵道上的工人日常工作來的。當建築鐵路時，國家給他事業的獨占權，沿鐵道土地的強制收買，都是造成鐵路剩餘價值的很大原因。馬克斯的資本論就算有價值罷，也只如亞當斯密所著的《原富》和馬爾薩斯所著的《人口論》一樣的價值，時代一過，事實不同，而共產黨人奉為金科玉律，真是非常可笑。」

　　新加坡資深政治家學者李光耀先生是資本主義的實行者。1999 年 9 月 2 日《華爾街日報》發行的《世界經濟專刊》中，刊登了一段他對資本主義極中肯的批評及論斷。全文翻譯如下：「李光耀認為去慶賀資本主義的勝利為時尚早，他說有兩項巨大的挑戰就在當前，第一個挑戰是如何避免資本主義制度上的危機，另一次像 1930 年代的經濟大崩潰雖然不太可能再發生，但是經濟危機發生的頻率越來越多，也越來越嚴重，況且我們至今仍未能成功的建立一個穩定的全球經濟體制。第二個挑戰是更基本的問題，那就是資本主義是不是也得兼顧失敗者。他說：資本主義自然把成功的果實都給與得勝者，不論是企業家、藝術家、運動明星、流行歌星，都是過量的得到獎賞，除非失敗者

的貢獻也能得到報酬，社會上將清楚的劃分為兩個不同的等級。過量及不公平的收入將寵壞得勝者。他說：如果一些經濟落後的亞洲、非洲、南美洲國家不能同時享受到美國歐洲及日本等資本主義的利益，我們將不會有一個穩定的世界。他說：同樣的情形，經濟發達的國家，譬如美國，也不可能有一個永久性的次等公民，否則，這樣的國家將永遠處於分裂衝突的情況中。」

　　從以上兩人對代表現代西方政治文化的評論，可以見證海外華人對歐美政治思想已由初期的浪漫理想，盲目跟從，變成更謹慎務實的看法。其實，由孫中山先生領導的辛亥革命，由最初的推翻異族統治的滿清帝國，演變成以後的五族共和，以民族的平等，民權的樹立，民生的建設重建中華，到 1977 年，香港和平的回歸中國。在政治智慧上，表現的是海內外更成熟的作法。

　　然而，海外華人對西方政治理想務實的看法，並沒有得到應有的尊重。以美國為例，對華人的歧視依然如故，甚至更有過猶不及之感。過去的排華行為是偶發及區域性的居多。九〇年代美國新聞媒體，及一些帶有濃厚種族色彩偏見的野心政客，利用非法移民，政黨競選獻金，及國防機密的外洩等事件，進行全國性的羞辱、醜化海外華人的形象，煽動全美仇視華人，這種政治上的迫害行為，連身為美國總統的克林頓也認為太不公平。1999 年 10 月 25 日，他發表聲明，稱揚華裔美國軍人在第二次世界大戰中的愛國與英勇表現，並稱那些對亞裔美國人愛國精神持懷疑態度是「不可容許的」。克林頓指出，亞裔科學家一如那

些曾光榮服務於美國部隊的亞裔軍人，為美國的國家安全作出重大貢獻，並使美國在科學成就上領先；然而，他們非但沒有得到應有的感謝，許多人反而遭到懷疑歧視。克林頓強調美國人民的祖先可以溯自全球各個角落，在此國度裡，種族偏見和刻板印象沒有容身之地。

　　一百年來，海外華人在政治上的奮鬥，並沒有結束，爭取公平、合理、融洽的社會地位，仍有待所有的海外華人共同努力，一同去完成。

海外華人在經濟上的奮鬥

　　十九世紀中葉，華人開始大批移民海外，其最初的慾望僅為求自身的生存而已。由於傳統的勤儉精神，在殖民主義的夾縫中，不但能得到安身立命，並以其聰明才智開發資源，建立商業基礎，在東南亞、南北美洲、世界各地逐漸形成企業的規模。二次世界大戰後，東南亞海外華人的資本，更有駕臨取代殖民政府時期歐美資本的傾向。近年來海外華人在經濟上的成就，除了在國際上的表現外，也帶動全中國的經濟發展。1970 年代後期，鄧小平南巡後，廣東首先開放吸引外資，海外華人資本大量湧入，推動了全國的改革開放，促進全國生產連年巨幅的增加。曾經連著九年，每年全國生產總值的增長都在 9%以上。歐美經濟學者及研究專家認為，這樣急速的經濟擴張，海外各地華資的投入，對經濟成長起了巨大的示範作用。

　　其實，海外華人早在十九世紀後期，已在中國沿海開始投資。方雄普著的《晚清時期吸收華僑資本的措施》有很詳盡的分析。據他的統計，遠在 1872 年，就有暹羅海外

華人陳啟源在南海縣創辦的繼昌隆繅絲廠，顧工六七百人，出絲精細，行銷歐美，當為中國近代海外華人投資國內創辦企業的首例。接著，海外華資創辦的企業，包括發電廠、釀酒廠、開辦鐵路、種植樹膠，由華南沿海一直伸延到華北山東各地。因此，最近二十年海外華人資本的再投入中國的發展，只不過是文化大革命中斷後的延續而已。這也標誌海外華人經濟活動，除了在當地促進繁榮，也帶動了國內企業的蘇醒和開發。隨著企業的國際化走向。我們相信，今後海內外的華人資本，將更緊密的結合在一起，為世界經濟競爭建築更堅實的基礎。

海外華人在文化上的奮鬥

五百年前，歐洲文化以其先進的武器，征服性的宗教熱誠，強烈的種族歧視觀念，先後征服奴役了加勒比海，南北美洲、非洲、澳洲等地，並在北美洲施行了有史以來最大規模、最徹底、極慘酷的種族清洗政策（Ethnic Cleansing），把原住民的印地安人趕盡殺絕。又經過兩次有史以來最殘酷、破壞性極嚴重的世界大戰後，歐洲文化不得不反省、檢討其文化所帶給全人類的災害。最近，雖然提出了人權的觀念，民族自決的主張，這只不過是企圖彌補五百多年來，受其文化摧殘的世界各地，假仁假義的拙劣的表演。因為西方文化的本質並不尊重其他地域傳統文化的價值，甚至於採取敵視的態度。哈佛大學教授撒莫耳·亨丁頓（Samuel Huntington）就是一個典型的代表。1993 年 6 月 6 日，他在《紐約時報》上發表一篇 "The Coming clash of Civilizations or, the West Against the

Rest"（〈未來文化的衝突，西方文化對抗全世界〉）。他認為目前世界上的危機，並不在政治，也不在經濟，主要將來自文化上的衝突。這種自以為是，排他性強烈，不妥協的精神，就是西方文化的本質，顯而易見的，與華人講求和諧、利他、中庸之道的傳統文化有根本上的不同。西方文化的將來希望，絕對不是亨丁頓所主張的與全世界的對抗，應當是容忍，融洽，正如克林頓總統所強調的美國人民的祖先可以溯自全球各個角落，在此國度裡，種族偏見和刻板印象沒有容身之地。

回顧百年來，海外華人在艱難困苦、惡劣慘酷的環境裡，為自身的生存、家庭的綿延、國族的興旺，努力不懈的奮鬥，無論在政治上、經濟上、科技上、醫藥上都將在人類歷史上，占有輝煌成就的一頁。這也標誌著海外華人努力奮鬥的方向，是朝向塑造一個全球性、更融洽、更公平、更多元化的人類新文化之途邁進。

A27 民主與貪污的神話

在荷蘭親眼目睹歐洲各地為西方文化的成就，狂歡的千禧年慶典，曾幾何時，1 月 15 日，我由荷蘭回美國途中，在英國倫敦轉機時，空中小姐遞來一份《倫敦時報》（The Times），翻開社論版，觸目驚心的大標題竟然是：「腐爛的歐洲心臟」（Europe's Rotten Heart），副題是「寇爾（Kohl）與米特蘭（Mitterrand）貪污弄權的真像」。現在把幾段精彩的描述翻譯如下：「1970 年代早期，兩位不甚出名的政客，一位法國人，另一位德國人，在歐洲政壇中冒現，他

們兩位不久，就成為驅動全歐洲整合政治及貨幣制度的主角，這兩個人的聯盟打倒了國內國外的反對勢力。二十年中，他們主宰了他們各自的政黨機器，趕走了黨內的挑戰者，是他們兩人使歐洲的心臟跳動。然而，第一個，現在是第二個，彰顯了他們的真面目，那就是把追求及維護權勢放在誠實正直及法律之上。」

「當米特蘭（Francois Mitterrand）在 1971 年組成法國社會黨時，他強烈的斥責及反對當時法國政壇的貪污枉法的各種作為，那些用錢來收買，用錢來打倒對方，用錢來謀殺的各種醜陋現象。一直要等到 1990 年代的中期，當他面臨死亡邊沿時，法國人才發現他們的總統如何以巧妙隱密的方法，在法國政府各階層布置特權，進行貪污枉法，用金錢來收買，這些他當初極力反對的政策，並企圖把事實真相深深的埋藏起來。」

「相反的是，德國人是在忽然之間，吃驚地發現，他們的總理竟然是一切醜聞案件的中心人物，更讓他們震驚的是，他們尊敬的總理居然拒絕回答他為什麼為賄賂案件保持秘密？接受賄賂的總數？誰是賄賂者？賄賂的流向等問題。已經知道有關賄賂的資料，由機場的營修，到超級市場停車場的營造，可以裝滿好幾箱，基督教民主黨已因前任的財務長被通緝，及冠爾一手提拔的黨主席修伯爾（Wolfgang Schäuble）遲遲的承認他曾經為軍火掮客轉送一袋袋美金的事。德國最堅強的政黨，看來已經接近在這有毒的霧中，不光彩的消失無蹤的命運。」

「同時在布魯塞爾（Brussels）一個由意大利前總統普

洛蒂（Romano Prodi）領導的「歐洲政治調查委員會」正在成立。然而，普洛蒂自己也是意大利法庭追查貪污的對象。五年以前，一位意大利內閣閣員居然膽敢寫了一本名曰《歐洲腐爛的心臟》 *The Rotten Heart of Europe* 的書。當然，他馬上就被撤職轟出政圈。」

　　約塞夫‧爵扶（Josef Joffe）是德國的名記者，同時也是史坦佛大學國際關係的講員，1 月 21 日，他在《華爾街日報》上寫了一篇〈德國的巨人被打倒了〉（Germany's Giant Brought Low）。他很坦白的說：德國政黨的貪污是建立在德國的政治制度之中，有了德國的民主制度，就必然會有貪污事情發生，他說：「最根本的問題是德國政府有權力支配全國生產總值一半的財富，這麼巨額金錢的支付，不經由市場，卻由政府來執行，貪污就自然形成，企業、工會和一些利益團體經不起對這塊利益大餅的刺激和引誘，行賄自所難免，在這樣的制度裡，恐怕只有聖人（或者無權的人）才能保持貞節。」

　　1996 年 10 月，英國首相梅傑被捲進保守黨議員漢彌爾頓控告《衛報》的誹謗案，將被傳出庭作證，但漢彌爾頓在開庭前一天撤銷誹謗案，化解了這場政治圈內最具爆炸性的誹謗案。然而原被告《衛報》揚言將公布更多保守黨議員收受金錢作為國會質詢的證據。再度凸顯了保守黨腐化的形象，終於導致保守黨失去政權下台的結局。

　　其他，像日本自民黨不斷發生由上到下的貪污醜聞，已經到了沒有新聞報導價值的地步。這一切的發展，甚至連美國最保守、最致力維護資本主義、自由貿易、民主政

治的《華爾街日報》，也承認是一個嚴重的問題。早在 1996 年 12 月，當日本的自民黨高層貪污傳聞不斷出現時，《華爾街日報》12 月 4 日的社論是「製造醜聞的學校」(Schools for Scandal)，它正確地預言了四年以後果然發生在法國、德國、意大利，甚至美國自己的各項驚人、轟動全球的貪污醜聞。這預言是：「自由市場的資本主義如要正確的運行，必須大聲的宣布一個重要的原則：絕對不能容許政府利用政治力量影響私人企業之間的競爭。也許最有效的方法去防止政府利用權力干預及任意扭曲市場的關鍵，就是不讓政府去負起經濟活動的責任。這就可以減少政客及政府機構受不了賄賂的引誘，讓商人用錢來收買去為他們做生意。非法的政黨獻金，其動機及所追求的目的，就是同類的性質。」

　　話是說得夠冠冕堂皇，但是能做得到嗎？一年以後，1997 年 10 月 9 日，同樣的《華爾街日報》社論，不得不承認，至少在民主的美國，貪污是揮之不去的產物。它說：「雖然選民贊同國會的比率在回升，但是，有越來越多的選民，認為民主、共和兩黨其實半斤八兩沒什麼不同，許多人都看出共和黨已經從一個要求改變政府形象的組織，因為議員們為了要保持連任，變成可以向任何利益團體要求屈膝的政黨。1994 年共和黨揚言要宰殺華盛頓的聖牛（指代表各種利益團體），因此而取得控制美國國會的機會。現在，這些議員之中有更多的人，寧願花納稅人的錢去餵養更多的聖牛。」

　　美國加州洛杉磯大學教授湯瑪士斯‧萊茲和史坦佛大

學教授凱隆斯‧肯勒女士，1999 年 1 月 7 日在《華爾街日報》上合寫了一篇〈民主與天下太平的神話〉。其結論是：「民主仍然是件好事，但是像所有好東西一樣，民主並不能使民主國家之間產生和平，因此，像所有好東西一樣，把和平的目標放在民主上，是一件極危險的想法。讚美民主吧！但是別忘了收藏起武器。」其實，這個結論可以引申成：「民主還是件好事，但是你不能排除越是民主的國家，貪污的型式越高級，歌頌民主吧！但是可別忘了貪污是免不了的產物。」

第 二 部
其他報刊時事論談

B1 韓湘寧鐘才璇夫婦談紐約藝壇

我從 1967 年到紐約後，經過三年的觀察，覺得要瞭解紐約藝壇的現狀，先得由參觀畫廊作起點。但是紐約的畫廊多得不可勝數，列名於電話簿中的畫廊和畫商就超出七百多，稍具規模而又能列名於《畫廊雜誌》(*Art Gallery*) 的，也多達二百多間。雖然，絕大多數都集中在紐約市的曼哈坦區，一個人如想匆匆的流覽一遍，也決不是一兩週的時間所可能辦得到。事實上，要真正認識紐約藝壇的現狀，這種廣角度的流覽也絕不是辦法。因爲在這爲數眾多的畫廊中，真正在水準以上，而展出現代畫家作品的畫廊，只有三十多間，而且其中還包括一大部分是專展覽或出售已成名畫家的畫廊。嚴格說起來，全紐約只有十二、三間畫廊是真正影響紐約藝壇目前和將來發展趨勢的場所。[1]而

---

1 這些畫廊的名字及地址如下： （1）DWAN-29 West 57 St.N.Y.（2）FISH BACH-29 WEST 57 St.（3）HOWARD WISE-50 West 57 St.（4）PACE-32 E.57 St.（5）EMMERICH-41 E.57 St.（6）ALLAN FRUMKIN-41 E 57 St.（7）SONNO BEND-924 MAD.AVE.（74 St.）（8）LEO CASTELLI-4 E.77 St.（9）BYKERT-24 E.81 St.（10）FRENCH & CO.-980 MAD.AVE（12）O.K. HARRIS-465 W.B'WAY（13）REESE PALLEY-93 PRINCE St.（14）PAULA COOPER-96 PRINCE St.（15）DAVID WHITNEY-53 E. 19 St.

這十二、三間畫廊，也就成爲關心、研究紐約畫壇的人所必須參觀的地方。

也許有人會問，爲什麼要瞭解紐約的現代藝壇，必須先由參觀這些畫廊作起點？因爲，論起作品的新舊，當然畫家畫室中的作品最新，其次，才是畫廊，最後，才是美術館 MUSEUM。紐約的畫家人數不計其數，同時包括了許多沒成熟或者未定型的畫家，要參觀也無從參觀起。美術館如 METROPOLITAN MUSEUM OF ART, MUSEUM OF MODERN ART, WHITNEY MUSEUM OF AMERICAN ART 等陳列或展出的，都是已被公認或已具有美術史上地位的古今名家作品，如米開郎基羅、畢加索、Andy Warhol 和 Roy Lichtenstein 等等。但是對於目前正在進行中的美術潮流和美術派別的蘊釀，在 MUSEUM 中能看到也比在畫廊中出現爲遲。所以，只有參觀具有影響力的畫廊，才能對紐約目前的藝壇，作進一步的認識和瞭解。畫廊中的作品展覽就好比音樂家的發表會，在這裡經常能看到最新的或影響未來的畫家作品，譬如 POP ART 被迎入 MUSEUN 而奠定歷史地位以前，就已經在 LEO CASTELLI GALLERY 正式展覽出。

剛才，我已談到在紐約有十二、三間真正具有影響紐約藝壇將來發展的畫廊，這些畫廊大多集中在城中區 MIDTOWN 的東西和下城區 DOWNTOWN。有些畫廊沒有招牌和普通住家一樣，很容易被人所忽略，如果不是經常和這方面的人有接觸，就不知道有這些畫廊的存在。舉例來說，LEO CASTELLI GALLERY 是在我到美國半年後才

找到，有些畫家朋友由國內來紐約，往往不得其門而入，雖然看遍了美術館和一些裝潢富麗的商業化畫廊，也不免奇怪，美國現代藝術究竟在那裡發生。

所以，現在我先簡略的介紹這些畫廊的背景，從地區來分這十二、三間畫廊大多集中在三個地方：MIDITOWN 的五十七街、UPTOWN 的東七、八十街，和 DOWNTOWN 的 "SOHO" 地帶（South of Houston st.）。中城、上城區的畫廊都具歷史性。最近兩三年，有名又具有影響力的畫廊漸漸朝下城區遷移或另在下城區設分號。因為下城區是畫家居住的集中地，其次，房租又遠較上城、中城的地段便宜，又可以租到比上城、中城大數倍的展覽場所。除了這些因素之外，當然也有人的成份，其中，最主要的是過去 LEO CASSTELLI 畫廊的主持者（Directior）愛汝卡（Ivan Karp）倡導的結果。1969 年，他離開 CASTELLI 到下城區開了一間 O.K.HARRIS GALLERY，把下城區的風氣整個改變過來。下城區另有一個具有地下畫廊氣質的叫做 PAULA COOPER GALLERY，後來又新開了一間 REESE PALLEY GALLERY。從抽象表現主義以來的畫家畫幅越來越大，下城區的這些舊倉庫、堆棧和工廠就成為畫家們最理想的畫室，大幅的作品可以不受拘束的在這種大畫室中完成。畫家的作品又影響畫廊的所在，可以見到這三者：畫家的環境影響作品，而作品又影響畫廊之間的密切關係。自然像愛汝卡這樣在現代美術上具影響力的人物在下城區開畫廊以來，至今下城區具規模的畫廊已不下十多間。而漸漸成為紐約市的另一個現代美術中心。

　　中城區五十七街有名的畫廊都具有歷史性，如
EMMERICH, DWAN 等，上城區有 LEO CASTELLI, BYKERT
等。一般而論，紐約目前畫壇的趨勢是多線發展方式，因
為每個畫廊主持人的想法不一樣，像以前那種只有一個主
流畫派發展的情形已不在。從這些具有影響力的畫廊和他
們選擇展覽的對象，我們可以歸納說目前紐約的畫壇主要
有三個方向，也可以說是三個派別。在討論這三派以前，
應該從我自己和紐約現代繪畫接觸談起，這樣的安排在於
交待清楚現代各派美術的時間先後。

　　我是 1967 年到紐約的，1967 年正是 POP ART 的尾
聲。我說尾聲並不是說 POP ART 的沒落或者是消失了，這
只能說 POP ART 達到最高峰，在美術史上正確的取得了地
位，而不能再朝前發展的狀況。舉一個例子就可以說明，
最近一次的藝術拍賣 POP ARTIST ROY LICHTENSTIEN
的一張畫賣了七萬五千元之多，打破了在世畫家售畫的紀
錄，POP ART 在六〇年初發生直到現在，可以說達到了頂
點。這時產生了 MINIMUM ART（暫譯為簡樸畫派），1967
年是簡樸畫派最盛行的時代，我最欣賞的畫家 Kenneth
Noland, Frank Stella 等，對於這種畫派，我不想由名詞上
或學理上去求瞭解，我覺得由他們的作品中就可以會意，
簡樸畫派是藝術的純粹化，把組成藝術的因素，一個個的
丟去，丟到最低限度就達到簡樸畫派的境界，在來美之初，
我非常欣賞這一派的繪畫，我覺得他們真的把藝術帶到最
單純的境地，對簡樸派如果不求深入的研究，往往會給人
一種裝飾味很重的錯覺，其實，作深一層的研究，就可以

發現其中的不同，而簡樸派實具有極濃厚的純藝術氣質，像 Noland 的作品，不但要實地去看並且要多看，才能體會到他作品中蓬勃的氣象和感受。

（一）地景派 EARTH WORK[2]

　　與簡樸派幾乎同時發生的另一紐約畫派叫做地景派。在過度工業化的美國社會裡，人對自然界的觀念不外如何的使用，所以許多自然景色往往因爲工業或商業的利用，被摧殘殆盡，除了園藝建築師外，可以說很少有人加以過問。許多年輕的藝術家就覺得應該向自然界做一點事，就是說，如何把自然界以一種新的觀念介紹給整個社會。這一批藝術家離開了畫室和畫廊、美術館，進入大自然，企圖把大自然的神秘及自己的藝術感受和表現手法融合在一起，也就是說，藉大自然的氣度來表現自己心目中的那種開拓廣大藝術感受。這和以前的自然主義在表現上有極大的不同，過去的自然主義是在畫布上反映自然的面目，而現代的地景派就以自然以大地的本色作爲自己藝術發表場所，比如，在雪地上用鏟雪機作出圖形，而由其中產生一種聯想。地景畫家其實是繪畫和雕塑的混合，同時也把繪畫和雕塑從畫廊中解放出來，直接表現在大自然之上。以我自己的定義來說，現代地景畫派不是表現自然而是利用自然來表現藝術，在這裡牽涉到創作者的態度和目的。幾年前，我和五月畫會中的朋友們曾經討論過藝術創作問題。我以爲藝術家的選擇就是藝術家的創作，譬如我可以

2 EARTH-WORK 主要畫家有 Dennis Oppenheim, Robert Smithson, Michael Helzer 等。

在荒山中選擇一塊岩石，只要我認為它有藝術價值，用我自己在藝術上的陶冶和經驗，我可以把它放在美術館中，作為我的作品，儘管這塊岩石是天然形成的，甚至是我叫工人搬到美術館中；儘管我沒有在這塊岩石上做過任何工作，但它仍然是屬於我的作品。去年在 WHITNEY MUSEUM 就真有人這麼做，可見這是一個很普遍的道理。同樣，這塊石頭放在 WHITNEY 就和放在自然博物館中不同。最近的一個地景派展覽是屬於 Robert Smithson 的，他的作品不可能在畫廊中展出，只好利用照片或電影來介紹。這次的展出是在 DWAN GALLERY（這個畫廊曾展出很多地景畫家的作品）。在展出過程中，畫家以電影來說明他為什麼選擇這塊地方來進行他的藝術創作，他以平土機推土在淺湖中作個漩渦圖形。從電影中看來，在工作過程中，推出的土落在澄清穆靜的水中，加上天空的倒影，組成一幅幅連續的畫面，也許這就是藝術家所追求的表現。所以，藝術過程也必須包括在整個藝術的呈現中，換句話說，藝術成品必須由創作過程中窺見。這和欣賞莫拉麗莎畫像不同，因為我們必須等達文西畫完了這幅畫，我們才能去欣賞她。這也說明一種是「靜態的；傳統的；欣賞藝術成品」，另一種是「動態的；現代的；過程就是藝術」的兩種極不相同的態度。這兩種態度都是忠實的嚴肅的去面對藝術，如果有人認為莫拉麗莎是藝術品而地景派的作品是胡鬧，這就牽涉到欣賞者自己對藝術態度夠不夠認真和嚴肅的問題。對於藝術只求表面的，或現成的瞭解都是不夠認真和嚴肅。另一方面，從純功利的觀念看，過去的藝

術家創作多少都希望能出售賺錢，但是地景派藝術家是花錢創作，根本就沒法談到出售賺錢，比任何其他的藝術家在功利上更爲純潔，當然這不是說要其他的畫家都丟掉畫筆畫布去從事地景創作。只有那些心中確有這種藝術感情的人，才能從事這種工作。這是我個人的觀感。我認爲一個藝術家在創作時可以主觀，但在賞欣時卻必須盡可能的客觀。

地景派很可能也受到 MINIMUM ART 的影響，因爲這些藝術家只把藝術中的一個因子—造形－滲和在自然中，至於其他的因子都棄而不用，然而，從另一角度看，地景派在創作時，大量動用機械、注重過程就是藝術、把創作和欣賞弄得更爲複雜，也含有很大的反 MINIMUM ART 的氣質。

（二）新抒情抽象主義 LYRICAL ABSTRACTION[3]

1969 年到 1970 年，藝術界產生了一種對 MINIMUM ART 挑戰的新抒情抽象主義。近來不少紐約藝術評論家認爲，新抒情抽象主義是當前藝壇主流。一般而論，評論家應比藝術家要客觀些，其實評論家也有評論家的主觀，所以擁護地景派的就說那是主流，擁護新抒情抽象主義的就說這是主流。我認爲這兩派之間互有關係，也各自發展自己的所長，互不衝突。

新抒情抽象主義在理論上是去年才成立的，可以說是由反 MINIMUM ART 而產生。一批年輕的藝術家對

---

3 LYRICAL ABSTRACTION 主要畫家有 David Diao,Gary Bower Keni Showell, Larry Poons 等。

MINIMUM ART 的主張理智冷靜表示不能接受，因此，接近二次大戰後的抽象表現主義，但他們也不能完全接受抽象表現主義那樣的以衝動和訴諸情緒的揮發。因此，他們是介乎簡樸畫派和抽象表現主義之間。這一派畫家作品的最大特點是把繪畫的顏料（材料）表達在畫布上時，盡可能的表現出材料的質感。他們的出發點是由工具的改革下手。他們用海綿破布、塑膠窗戶刷子等為工具。用這種工具作的畫，在畫面上自然與用畫筆畫的有不同的感覺。畫筆很容易表現出一個畫家的個性和他所受的素養。但是海綿破布等都是新工具。一個畫家不可能馬上就熟練應用，因此也減少了畫面的學院派雅緻的氣質，而直接的傾向於拙美和單純化。這一批畫家中有不少的作品很有東方的韻味。換句話說，就是含蓄的和意味深長的境界。在這一派中有一位主將是中國人。他就是目前紐約藝壇上，經常被人提及的 David Diao（刁‧大衛）。抒情抽象主義將來一定會發生很大的影響。理由是這一派的背景很強。他們由反抽象表現主義、反簡樸主義的過程中，同時也承續了這兩派的特長和優點。

（三）新寫實主義 NEW REALISM（POST POP ART）[4]

有些嘲笑新藝術的人會說：「紐約畫派畫來畫去，又回到寫實主義的老路子」。但是我們必須特別留意，不可為表面的字義所困。十九世紀的寫實畫派並沒有回來，而無論從理論上、技術上，甚至於賞欣的態度上，新舊寫實主義

---

4 NEW REALISM 主要畫家有 Richard Estes, Philip Pearlstein, Ralph Goings, John Clem Clarke 等。

都有很大的距離。所以，我不主張把這一派稱之為新寫實主義，而應稱之為後期 POP ART。如果沒有 POP ART 的話，也就不會有新寫實主義。新寫實主義把繪畫的主題無生命化，以前的畫派都多少在把主題畫得更生動，但新寫實主義承續了簡樸派和 POP ART 的冷酷和無情，儘可能的把畫面畫得死板、無生氣，在題材上他們任何東西都畫，因此在題材上很接近 POP ART，在表現上他們力求單純。舊的寫實主義是取法自然，在畫面上講究光、色、空間、立體表現等概念。新寫實主義常用照片作畫，因為照片是單純的平面、呆板的構圖，也沒有人為的感情因素在內，只訴諸視覺，不注重聯想。認為一個主題不斷的連續出現，在視覺上會非常的深刻。這一點和 POP ARTIST 以一連串的 CAMPBELL'S SOUP 罐頭來作畫是同一道理，他們以為即使是平淡無奇的題材，如果以冷靜而理智的表現方法呈現在畫布上，也遠比 JACKSON POLLOCK 熱情奔放的畫幅在視覺上更深刻和持久。

（四）電動藝術

　　除了以上兩種新畫派外，還有一批以最新技術科學知識來表達自己藝術感受的藝術家，可以名之曰電動藝術。這種藝術表達必須具備某些技術科學的知識，如電視、電子操縱的光線、燈光、攝影，等等，並不是一般的藝術家所能單獨嘗試。所以，往往是一些有工程師背景的藝術家來從事。在這派中也有一位著名的藝術家是中國人，他是現在波斯頓麻省理工學院任教的蔡文穎先生。他的作品曾在 MIDTOWN 的 HAWARD WISE GALLERY 展出。在紐約

藝壇裡，中國藝術家人數不多，成績卻很好，所以紐約畫商對中國藝術家的印象都很好，日本藝術家在紐約的人數很多，程度參差不齊。在紐約的中國畫家中，還有一位被列入歐洲名家的是丁雄泉先生，他在巴黎時，就以抽象表現主義為宗。近來他的作風已慢慢的和抒情抽象主義相吻合，既使在他早期的抽象表現主義裡也帶有些抒情成份，這得歸於他的東方背景和他對新詩創作的深刻造詣。

許多關心藝術的朋友常問：「紐約藝壇這樣的變化無窮，會不會導致沒落」。但由這樣朝氣蓬勃的不斷變新，正表示紐約藝壇的光明遠境。因為，如果畫家們沒有充分的把握，沒有自己的見解，盡可以繼續畫抽象表現主義的畫，畫 POP ART 的畫，如此也可以使抽象表現主義發展得更充實和豐富，他們敢反抗已成熟的畫派，就表示他們所表現的是確有所見。而紐約藝壇也由於年輕一代的不斷探討而顯得更深遠更廣大更光明的明天。

B2 美國已現大蕭條徵兆

美國將會遭遇本世紀第二次大蕭條嗎？

美國經濟發展自 1929 年大崩潰後，經過四年的大蕭條，終因羅斯福總統的各項新政得以逐漸地復原，又歷經第二次世界大戰，及戰後東西方的冷戰熱戰各階段，一直到 1970 年代，其間一共四十多年，都在穩健的發展下進行，沒有經歷多少大風大浪。

在二次世界大戰中，無論工業、商業、農業、學術研究機構，都得到聯邦政府及國會的支持協助，鼓勵促進推

陳出新，同時在全國國民的熱情奮發參與之下，得到前所
未有的全面開發及發展，加上戰後在沒有主要競爭對手的
環境中繼續成長茁壯，各方面的成就一日千里、日新月異，
而國內物質的豐富、國民所得的優厚、物價的穩定、政治
結構的合乎理性、風俗道德的純樸、守法精神的高尚，終
成爲國際社會中名副其實的超級強國，舉世共仰政治、經
濟、學術各方面的霸主，是不必爭論的事實。

雷根經濟學 ── 共和黨的三項政策

但是，自八〇年代開始，由於共和黨的保守派取代了
民主黨入主白宮，主要的經濟政策隨著政權的轉移而修
改，跟著經濟上颳起了滔天的大風大浪，加上傳播媒體宣
導奢侈淫逸的時尚，商業上崇尚虛僞欺詐的謀生技倆，宗
教上以商業化做爲賺錢的目的，結果是徹底地改變了全國
經濟結構，全面地改變了國民生活，宗教信仰遭受破壞，
法律上只注意投機取巧，社會價值觀念因之改變，由於這
些基本的變化，美國進入了一個急劇地全面衰退的階段。

如果我們說九〇年代是世界共產主義徹底互解的開
始，那麼，美國經濟的發展，如果讓它再這樣地演變下去，
同樣地我們也可以在這年代，預見代表自由市場經濟的美
國，一步步地趨向崩潰的邊緣。正如同代表東方霸主蘇聯
垮在經濟壓力下的情形一樣，代表西方霸主的美國，其結
局也將在破產的經濟下，日漸衰微。

八〇年代，美國共和黨以電影小生雷根爲代表，以減
稅削減聯邦支出、平衡國家預算爲訴求，以電影電視上廣
告特技爲手段、以軍事強權維護國家尊嚴爲口號，從民主

黨手中奪得政權，雷根以壓倒性高票入主白宮以後，更以美國人耳熟能詳的演員姿勢，以美國人喜愛傾倒的開玩笑的輕鬆口吻，來推銷他的雷根經濟學。

所謂雷根經濟學（Reaganomics）就是共和黨保守派一向追求的三項政策：第一是壓縮減低聯邦政府的權力，第二是減少稅收，第三是削減聯邦的預算，但卻主張增加軍事的開銷。

最好的政府就是不管事的政府

先說減少聯邦政府的權力。共和黨的保守派認為，最好的政府就是自由放任不管事的政府，就像一百五十二年前范布倫（Van Buren）總統說過的：「我們優良的憲法結構，有一個基本原則，就是政府儘量少管事，社會才會繁榮」。保守派一向認為聯邦政府自羅斯福總統以來，管理的事務太多，花的錢太大，效率太低，所以雷根上台以後，盡可能地把許多聯邦政府的工作及責任，推向各地方的州政府及鄉鎮政府，讓地方政府實際負起許多原屬中央的社會福利事業。這種政策有很動聽的口號，就是減少浪費，及更具成效。這項措施一直到十年後的今天，才被各地州政府發現是一個無底的大陷阱，但是為害已烈，到了不可收拾的程度。

當八〇年代經濟正在畸形膨脹的時候，稅收自然也在膨脹，有些州在儘量地揮霍之外，更有鉅額預算的盈餘。但是當經濟發展發生問題，處在緊縮的年代，稅收自然也必下降。以美國1991年情形來說，全美五十州中，有三十二州的年度預算都是超過支出，不能平衡，最慘的是全美

最富的加州，支出超過預算一百六十億美元。據《紐約時報》的估計，紐約附近三州（New York, New Jersey, Connecticut）1992 年度的超支結果將非常地可怕。紐約州將超支八億七千五百萬美元（占年度總預算的 1.7%）。新澤西州將超支十億美元（占年度總預算的 6.8%）。康州將超支七億七千一百萬美元（占年度總預算的 9.8%），我們可以預測在全國普遍的不景氣中，在公司營業的每下愈況中，稅收只會減少，而失業人數的不斷增加，申請救濟的日日加劇，各地預算的不能平衡，正在方興未艾。

在可以預見的將來，全國各地由州政府直到鄉鎮，為應付地方各項功能及責任，所能採取的對策只有增加地方稅金，或者減少服務的項目，或兩者同時進行，以挽救不可避免的破產。換句話說，就是從此以後，美國各地的生活品質將必然降低。保守派壓倒聯邦政權的另外一項措施，就是把許多已經用之幾十年，用以調節、規範、導引發展的法規（Regulations）或降低其作用，或以 Deregulation 來加以破壞或者乾脆取消。

美國賴以立國的精神蕩然無存

由於解除了管制及引導，一系列的有關環境、交通、經濟等方面的發展都遭受巨大的破壞。自然資源環境生態的任意破壞，污染的日益加劇，已經到了天怒人怨的地步。經濟上放鬆管制則鼓勵放鬆投機取巧，企業上不圖創新改進，卻以畸形貪婪來擴充兼併。銀行保險業除放鬆管制、任意造作虛假糊塗賬，工會領袖以恐嚇罷工來威脅，養成工人好逸惡勞，宗教信仰借傳播媒體進行商業化的欺騙詐

取，學校裡以性及商業性的運動來吸引學生。在短短十年
不到的時間內，我們親眼目證了美國所賴以維持立國的秩
序精神及道德觀念，在自由市場經濟的響亮口號下蕩然無
存，弄得大大小小的銀行、保險公司破產的破產，關門的
關門，至今連聯邦政府及國會主管銀行及保險業務的機構
也弄不清楚那些是健全的，那些是靠不住的；一些有優良
傳統及良好信譽的大公司紛紛因發行垃圾債券被拖垮；數
不清的一些引以為豪的美國大企業虧損累累，接著就是一
年壞於一年的緊縮，報上登載幾乎無日不有的大批大批的
裁員，失業人數不斷的增加，申請救濟的人們擠滿了申請
的機構。勞工局的統計僅僅過去十六個月中，工人階級損
失了八十二萬四千人，白領階級也損失了五十七萬工作單
位，全國近八百萬人失業。而實際失業人數遠勝過這項統
計，甚至勞工局的統計分析專家波利威（Thomas Plewes）
也承認有三百萬人介於就業及失業之間的人，如臨時工、
自己開業的小工等，都不包括在這項統計之中。

由納稅人來負擔私人企業所扯的爛污

　　由於工作機會的消失，申請救濟人數必相對增加。救
濟有小孩而沒有收入的家庭，1989 年統計有三百七十萬家
庭，到 1991 年 10 月，這種依賴救濟金的家庭已超出四百
六十萬。在兩年不到的時間內，就增加了 24%。這就是美
國的私人企業把無法解決的問題及難題統統推給了各級政
府，最後是由納稅人來負擔起私人企業所扯下的爛污。

　　最近雖經公眾輿論交相指責，聯邦及國會才重行籌
畫、重訂規章。然而不是矯枉過正，就是純粹的政治上的

作秀，對於已經促成的傷害無何補益可言。

其次，讓我們來看看雷根的第二項德政—減稅。以減稅來提高國民所得，所謂藏富於民，原是很高尚的理想，因爲國民所得增加，可以用以儲蓄，用以投資，用以做更多的消費支出，因而也促成工業的更新，刺激商品的成長，帶動企業的擴充。然而這些僅止於保守派冠冕堂皇紙面上的理論。

首先，我們來分析 1980 年代減稅的提出，除了達到雷根攝奪政權目標之外，對美國的經濟實況是否必要？美國至今仍是所有工業國家中（英、法、德、日、義大利、加拿大等）稅收占全國生產總值 GNP 最低的國家。換句話說，美國納稅人所繳納的稅款，一向並不比其他工業國家的人爲多。所以，哈佛大學經濟學教授佛利曼說：「比之歐洲的標準，美國根本說不上是高稅率的國家。」

八〇年代的減稅，對美國經濟不但沒有實質的助益，相反地卻從今日美國經濟病入膏肓的情形來判斷：如聯邦預算由於減稅，年年不斷地超支，收入及支出差距年年加大，聯邦赤字的巨額累聚（已達到天文數字二千七百億美元），貧富之間由於減稅所得不成比例的差別，窮的愈來愈窮，富的愈來愈多，中產階級將逐漸的消失，這些結果都可以由八〇年代的減稅追溯到根源。從過去十年的減稅可以印證「天下沒有白吃的午餐」。因爲政客們答應給你的一點點甜頭，將來必叫你加倍奉還，然而至今仍然有居心叵測的政治家以減稅作餌來贏取選票，布希總統的名言就是「聽我嘴巴講什麼—減稅」。1991 年新澤西州的地方選

舉，共和黨就以減稅取勝那些老實笨拙的民主黨，就是一個最佳的例子。

事實上，一些具有遠見的人士就一而再地警告，減稅不但不能解救目前的大衰退，對長遠的經濟發展為害更巨。聯邦儲備理事會的董事會的董事長萬林斯潘就曾經兩次提出，以減稅來刺激衰退是得不償失的。

從統計數字，我們可以看出減稅後的情形。自八〇年代雷根減稅以後，服務業在極短的期間，竟然增加了一千八百萬新的工作機會，所謂服務業是指銀行、財務投資公司、會計師、律師等等專門進行金錢遊戲的行業。同時在這雷根的減稅年代，全美各地像雨後春筍似地忽然冒出了一萬六千多處全新的大型商場及三十億平方尺的新辦公大樓。從華爾街的財經中樞，到大大小小的商場、連鎖快餐店等等的服務業都是由減稅後累積的資金所投注的地方。這種專注於急功近利，暴發戶似的經濟發展，終於使全國陷入無窮的債務，所形成的傷害不但是這兩年衰退的因素，也將影響長期的美國經濟成長。

窮人數目達到空前未有的程度

最後，該談到削減聯邦的預算。美國聯邦政府每年的預算數目極大，主要的支出有三項，最大項目是用在社會福利及社會救濟金上，其次是軍事費用，第三大項是支付聯邦債務的利息。雷根當選為總統後，許諾美國國民四年之內平衡聯邦的收入及支出。他原計畫大量地刪減社會福利業務，並且把整頓這種業務的責任交給各地的州政府。但在社會福利業務上，他面對的是美國經濟力量強大、也

是最團結的年長選民集團，所以他所能做到的可以說微乎其微。然而在社會救濟業務上，情形完全不同，這是一群沒有經濟能力、散漫無組織、知識淺陋、無投票熱情，沒有領導人又極容易爲人利用的人群。這是雷根可以大刀闊斧、大事砍伐的項目，十年下來，美國赤貧的窮人數目達到空前未有的程度，正如成語所云「貧無立錐之地」，因此，到處都可以見到無家的遊民。

另一方面，雷根又許諾美國國民他將發展強大的軍事力量，用以維護國家的尊嚴，進而壓制共產主義的蔓延。所以，他當政的八年，國防預算每年不但不減少，反而鉅額地增加。在這種情形下，收入因減稅而減少，支出由於軍費的大量增加，預算不用說不能平衡，反而透支愈聚愈鉅，最後雷根不得不與國會一同合作，向國內及國外大量的借錢舉債，以應付不斷增加的聯邦開銷。今日美國除了家家戶戶都多多少少有些債務之外，所欠的國債更高達二萬七千億美元。爲了這筆國債，聯邦政府每年就必須把收入的 14%，二千一百六十億美元用以支付這項債務的利息。由於這項支出每年都在增加，相對地聯邦政府必須把其他各項的支出逐年地減少。原應用之於教育、衛生、交通、社會福利、軍事工業、研究發展等都待削減。這也是爲什麼這次經濟衰退，聯邦政府除了一而再，再而三地要求聯邦儲備銀行降低短期利率之外，無能爲力、一事無成的理由，也終將逐漸地把全國推向大蕭條的邊緣。

大蕭條：長期經濟演變朝下降落的滑坡

什麼是大蕭條？大蕭條和衰退又有什麼不同呢？先說

衰退。衰退是經濟向上發展中，暫時的停頓，停頓之後仍然繼續保持向上發展的趨勢。大蕭條依照辭典上的定義是，一個長期經濟演變朝下降落的滑坡，工商業都在緊縮、銀行出現付現困難，有的甚至倒閉、房地產價值跌落、甚至無人問津，工作機會消失、收入遽減，失業人數遽增等都是大蕭條的症狀。美國近代最著名的大蕭條發生在共和黨總統胡佛當政的 1929 年，後來經過民主黨總統羅斯福推行各項新政，重新整頓經濟結構，才把美國從大蕭條中挽救出來。羅斯福總統之所以能推行新政，是那時的聯邦政府沒有多少債務，可以國家的信用作為依據，大批地僱用各種人才，進行各項巨大的建設工程。

今天我們已經目睹美國愈來愈多企業的緊縮，公司、銀行、行號的倒閉，時有所聞，房地產的乏人問津、收入的減少、失業人數的不斷的增加，而聯邦政府除了不斷增加債務，把償還債務的責任推給沒有投票權還沒有出生的我們後代之外，還能有什麼更佳、更實際的辦法呢！擺在我們面前的情況，所能得到的結論是政客們一再宣稱的短期的衰退呢？還是人人都不敢明言的長期艱困的大蕭條？

B3 中共的軍事擴充與邊界衝突
── 評介兩本國際學者對中共兩次邊界戰事的著作

　　1993 年 1 月 11 日，《紐約時報》在其第一版的正中部位發表了尼可拉斯·克利斯朵夫（Nicholas Kristof）的一篇報導，指出由於美國及蘇俄在亞洲勢力的萎縮，及最近中共的振軍經武，已經引起四鄰的緊張和不安。文中並附

有一張中國人認為屬於自己勢力範圍的地圖，圖中分列
1840 年鴉片戰爭前中國的版圖，及 1919 年民國成立後的
國界。文中引用不少東南亞國家對中國軍事擴充的隱憂。
最醒目的一段翻譯如下：「基本的問題是，中國在過去極衰
弱的一百五十多年中，失去了大片的疆土，而現在正是有
利於中國去解決這些邊界糾紛的時機」。

　　站在美國及西方國家的立場，香港的民主化、台灣獨
立的訴求、南中國海油田的爭奪、柬埔寨的內戰、緬甸泰
國軍人的干政，印度宗教的衝突等，都可能給予中共機會
進行軍事干預的推論。這種推論的正確性自然有待以後事
實的證明，但是，如果我們回顧中共成立四十多年來與鄰
國的四次邊界糾紛，也不難推測得出中共對未來邊界衝突
所採取的一貫政策，及解決問題所應該有的態度。在這四
次中美、中印、中蘇、中越的衝突中，以中美兩國在中韓
交界的戰爭，及中國與印度在西藏邊界的交戰，時間經歷
最長，場面最廣闊，影響也最深遠。現在回顧這兩次的衝
突，由於時間的拉長（韓戰發生在 1950 年代，中印之戰發
生在 1960 年代）世界各國的學者及政治家，對這兩次戰爭
的結果，都有了比較更客觀及公正的評論。而兩本具有代
表性的著作，正可以作我們對中共在邊界糾紛所採取的政
策，及以外交軍事配搭來解決問題的作法，做為我們研究
中共未來行動的參考。

　　這兩本書，一本是 James McGovern（麥卡文）的 *To The
Yalu*（《直抵鴨綠江》）。另一本是 Neville Maxwell（馬克威
爾）的 *India's China War*（《印度的中國之戰》）。

美國對北韓的決策及中共的應戰

　　《直抵鴨綠江》這本書，是麥卡文用了四年的時間，在 1972 年出版的一本韓戰歷史著作。第二次大戰時，他在美軍西南太平洋戰場服役，戰後他在哈佛取得學位。他曾任職於美國國務院，所以對美國的外交政策有深入的認識及研究。本書一共分十五章，另加兩章前言及序說，連地圖注釋附錄等一共二百二十一頁，所列舉的參考資料，有美國政府文件，英國國會紀錄，聯合國大會公告，美國各主要報章雜誌，及五十六種有關韓戰的專門著作。本書由美國總統杜魯門（President Truman）與聯合國遠東統帥麥克阿瑟（General Douglas MacArthur）在太平洋中的威克島（Wake Island）會議為起點，到杜魯門免除麥克阿瑟聯軍統帥職務，及以後引發美國政壇危機為止。1950 年 10 月 14 日的威克島會議，在當時就給予人有沒有召開此會議必要的疑問，就連麥帥本人也說：「我根本不清楚這次會議的目的何在？」他當初完全没有警覺，他的軍事行動及決策—超越三十八度線，進軍直抵鴨綠江—已經牽動了整個國際形勢，也改變了美國全球戰略的策劃。而麥卡文之所以把這次會議作為本書的起點，可以看出著者獨到的眼光，而他處理這些歷史事件，經由全局入手，詳細的分析歷史人物的特點及背景，加入當代的精神面貌，來衡量、考評事件的演變，成為引人入勝，不忍釋手，極具趣味的歷史讀物。威克島會議實在是美國在韓戰中最重要，具有決定性，能貫穿全部戰局發展的一次會議。美國以後對北韓的進軍，麥帥擬定的直抵鴨綠江的軍事行動，中共的出

兵干預，聯合國軍隊的瓦解，近乎全軍覆沒的命運，麥帥的撤職等等，都種因於這次極不引人注意，簡單又不隆重的會議中。本書前言最後一段「1950 年 10 月 14 日星期六午夜時分，杜魯門總統離開夏威夷的赫康機場，這是他二十三小時旅行的最後一程的飛行，目的地是太平洋上的一個小島。在那裡他將和麥克阿瑟討論聯合國在韓國戰爭的結束行動。但是，誰都沒想到，這結束卻是一連串人類歷史上最不可測事件的開端，幾乎瓦解了聯合國的指揮系統，把世界更推向大戰的邊緣，而交戰的雙方都擁有原子武器」。威克島的會議是杜魯門總統要求召開的，其目的只有兩項，第一，是他想見識麥克阿瑟，這位他從沒見過面的老上司（杜魯門是第一次世界大戰時隸屬於麥帥統領的彩虹師的部下）第二，他要親自從麥帥那裡聽取中共蘇聯是否可能加入韓戰的情報。麥帥對中國是否干預韓戰的回答是：「絕對不可能，如果他們在兩三個月前干預，其結果是有決定性的，現在的情況，我們根本不在乎他們的干預，我們絕不袖手旁觀地讓他們去做。中國在滿洲有三十萬的軍隊，其中只有十萬，最多也不會超過十二萬五千布防在鴨綠江對岸，他們沒有空軍，而我們在韓國戰場就駐有空軍，如果中共膽敢進軍平壤，一定會被大批的屠殺掉。」對於蘇聯空軍有沒有可能支援中國軍隊，麥帥的回答是：「如果蘇聯以空軍支援中共的陸軍，其結果將是中國軍隊挨炸的可能性比聯軍的更大。」

　　杜魯門總統在會後回到舊金山時說：「我知道有許多對我這次去威克島會議的推測及謠言，其實很簡單，我只是

想去和麥克阿瑟見面，同時我覺得我必須清楚的告訴他，我的外交政策必須和軍事行動完全的配合，行動必須統一」。美國當時的外交政策及軍事戰略，用杜魯門及聯合參謀總部的話說，就是：「歐洲對美國的利益及重要，遠超出亞洲對美國的利益」。而歐洲當時的敵人是蘇聯，亞洲的中共並不構成主要的威脅。作爲國務卿的安契遜（Dean Acheson）對中共出兵的警告也不當做一回事。9月10日，他曾經說過：「只有中共發瘋發狂才會參戰，我看不到這樣做對他們有任何好處」。10月4日，在聯合國總部的成功湖，他說：「有理由可以相信中共不會進軍北韓」。他認爲從長遠利益上看，中蘇之間的矛盾和衝突遠大於中美之間。（這點以後證明他的推測很正確）。同時中央情報局C.I.A.在威克島會議前三天給總統的報告，也是中共不可能在 1950 年加入韓戰。由於總統決定政策所依賴的三方面：外交、軍事、及情報的結論都是中共不可能進軍北韓。所以杜魯門對中共的三次將出兵韓國的警告都不加以重視。其結果聯合國大軍雖然曾經一度衝抵鴨綠江畔，卻馬上落入中共設好的圈套中。東線的海軍陸戰隊及西線的第八軍團都被各個包圍殲滅，潰不成軍，如果沒有強勢的空軍出來拯救，難免全軍覆沒的命運。這是美軍有史以來遭到最大的敗戰。

　　11月9日在華府舉行的美國國家安全會議，推測中共進入韓國戰場有三種可能，一，爲了維護鴨綠江上的水力發電場。二，中國可能要把美國軍隊拖入一個持久的消耗戰，如此可以讓蘇聯輕易的在世界大戰中打倒美國。三，

中國可能策劃把美軍趕出韓國，如此必然把蘇聯也捲入衝突中而引發第三次世界大戰。但是本書著者提醒讀者，不論是國防部、國務院、或者聯合參謀總部都沒有想到會有第四種的情況在那裡。這種情況只要反問美國：如果有一個專門與自己作對的國家，把戰爭打到墨西哥與美國的邊界，美國會有怎樣的反應？回顧自二次大戰後，杜魯門武裝了六十萬國民黨軍隊，並以二十億美元援助國民政府，仍然不能防止中共奪得政權。現在中共成立僅只一年，美國就陳兵中韓邊界，能不令中共懷疑美國有所企圖，而不做反應，似乎是辦不到的事。

中共的參戰引起美國國內的政治鬥爭

吃了敗戰的麥帥為了挽回自己的軍事權威，策劃在亞洲大陸與共產主義進行決戰。除了在韓國增兵反攻外，更主張大舉轟炸中共在滿洲的軍事工業，同時邀請台灣的蔣介石反攻大陸開闢第二戰線。為了貫徹他的主張，更和保守的共和黨結成同盟，專和民主黨主張的把韓戰局限於韓國一地的主張作對，終於激怒了杜魯門，在 1951 年 4 月 11 日下令撤去麥克阿瑟聯合國軍事統帥的職務。這是一件當時震驚世界的大事。當然也引起美國民主、共和兩黨長期的鬥爭。麥帥回美後，雖然受到全美各地英雄式的迎接，但是他最後的失敗，是敗在他國會的朋友為他特別舉行的公聽會上。共和黨原想利用麥帥在這場公聽會上來打擊民主黨，但是他們沒有想到，他們的如意算盤暴露了麥帥最大的缺點及過失。從此以後麥帥只有隱退，沒沒無聞的從全國消失掉。1951 年 5 月 3 日，在參議院三一八室舉行的

公聽會吸引了全美的關注。麥帥堅持他的戰略戰術得到全部聯合參謀總部的認同，他以收到的總部 1 月 12 日的文件作證明。他認為他的計劃沒蒙採用，一定是遭到總統及國防部長馬歇爾（General Marshall）兩人的否決。當時初任德州參議員的林敦詹遜（Lyndon Johnson）接著問：「除了 1 月 12 日的文件之外，有沒有其他的文件或口頭的討論，證明聯合參謀總部支持你的意見？」麥帥回答：「據我所知，沒有其他的證明」。結果證實組成聯合參謀總部的四名成員，從最初直到最後，全都反對麥帥的建議，反而贊同總統防止擴大韓戰的政策。作為總部主席的布萊德雷將軍（General Bradley），總結他們和麥帥建議的不同如下：「在韓國的衝突雖然很重要，但是從全局看，這僅是區域性的衝突……如果把韓戰擴大到中國，恐怕最高興的是蘇聯，克里姆林宮巴不得我們會如此的做。中共沒有能力，也不會想統治世界。老實說，聯合參謀總部對擴大韓戰的意見，認為這將是一場錯誤的戰爭，在一處不應該發生的地方，在一個最不恰當的時機，又是一場認錯了敵人的戰爭。」而參議員麥克馬洪（Senator McMahon）更把麥帥問到辭窮無法回答。他說：「將軍你剛才說的正是我想問的。聯合參謀總部及作為總司令的總統應該綜覽全局，決定全球性的政策，你僅只是你那一角的統帥，你剛才自己又說，你對全球的戰略沒有研究，然而你竟然要把你的意見來影響、來改變我們的全球戰略，是應該的嗎？」麥帥的回答竟然是：「國際間的關係就是賭博，對於賭博你必須冒險。」

　　民主黨在 1952 年失去了總統的寶座。但是共和黨的艾

森豪總統（President Eisenhower）並沒有採納他的老長官麥帥的建議，反而依循杜魯門的政策，把韓戰區域化。最後在 1953 年 7 月 27 日，沿著原來南北韓分界的三十八度線，以聯合國的名義和中國簽定了停戰協定。具有諷刺性的巧合，1950 年 10 月 25 日與聯合國爲敵的中國，就在二十一年後的同一天，1971 年的 10 月 25 日，被絕大多數的會員國歡迎進入聯合國，成爲五個常任理事之一的國家，恐怕是任何人始料所不及的吧！

印度與中國邊界糾紛之起源

《印度的中國之戰》作者是澳洲人馬克威爾。中印衝突時，他正擔任《英國時報》的駐印度記者。1967 年，他受聘爲倫敦亞洲非洲研究院的資深研究員，專門從事寫作這本《印度的中國之戰》。本書完成於 1970 年，全書共七章，另有地圖、注釋、參考書目、索引等，一共四百六十三頁。書成後，英國《觀察家雜誌》（The Observer）的泰勒（A.Taylor）評論說：「除了他沒有引用中共方面的資料的缺點外，這是一本完整、詳實、極有成就，第一流的歷史著作」。英國《星期天時報雜誌》（The Sunday Times）的邁克‧哈窩（Michael Howard）批評本書是「一本極重要的著作，不但改寫了歷史，在政治軍事分析上，結構謹嚴，並且提供了一個戰爭之所以引起的可怕的個案研究。」

正如著者馬克威爾在他的前言（Preface）開章明義的第一句話：「中國與印度邊界之衝突，恐怕是二十世紀中葉，國際間最具戲劇性變化的事件之一」。「邊界事端開始及隨之發生的戰爭，似乎證實了一般人對中國是一個好戰

排外的領土擴張主義者的印象」。「然而表面現象背後之事
實，又是如此的模糊不清，也沒有人真的想去找出這場戰
爭究竟目的何在。因此，沒有任何近代國際間的衝突，像
這次事件這樣的被完全錯誤判斷，及廣泛的曲解」。馬克威
爾不但改正了他自己以前對中印戰爭的報導，事實上他重
新改寫了歷史。

　　他很客觀的點出中印之間的糾紛，起源於印度繼承了
英帝國對西藏的野心。在卡林邦（Kalimpong）設立了分化
滲透西藏的中心，目的是煽動西藏獨立。1959 年的拉薩暴
動，其策劃、指揮、行動聯絡中心都設在卡林邦，而幕後
操縱者就是印度政府。

印度的蠶食政策 The Forward Policy

　　由於拉薩暴動並沒有促成西藏的獨立。印度總理尼赫
魯（Prime Minister Nehru）和國防部長梅農（Krishna
Menon）乃擬定了蠶食西藏邊界的政策（The Forward
Policy）。

　　首先他們創言，英國人界定西藏與印度邊界的麥克馬
洪線（McMahon Line）應隨地形而定，所以把國界定在更
深入西藏的境內。其次，他們乘中共邊界沒防禦的情形下，
在中共邊防據點的左右，或甚至在後面，建立了印度的邊
防據點。目的是逐漸向西藏境內蠶食領土。印度的策略依
據的理論是：1962 年代中共在國際地位上極為孤立。由於
韓戰公然與聯合國為敵，同時在共產國家的集團內，又與
蘇聯反目。印度則通過不結盟國家，廣結善緣，又能左右
英美及蘇聯。在聯合國內又表面支持中共入會。因此糾紛

初啓時，國際輿論更是一面倒的支持印度的立場。美國總統甘迺迪（President Kennedy）給尼赫魯的信，很清楚的表明「我全心全意同情你的情況，你和中國的交涉，表現了你的容忍和耐心，正如所有偉大宗教領袖的表現……」。英國政府更是沒有保留的支持印度的政策，並且願意提供協助。

　　基於以上的推論，印度政府確定中共爲了維持與印度的友誼，打破國際上的孤立，必不至於兵戎相見。但是，印度的政策及構想，必須有軍事上的人材來執行，地域上的優點可以發揮，再配合恰當的時機來進行才能成功。而事實上，印度在這三方面統統缺乏合作的條件。在軍事人材的應用上，尼赫魯和梅農不顧職業軍人的意見，引用參謀總長寇爾（Kaul）爲東線的統帥，執行政治家擬定的向西藏蠶食政策。從純軍事的觀點，這種政策實際上冒了極大的危險，尤其是東線，所有的前進據點都在一萬三千呎以上的山隘，糧食彈藥的補給，人員武器的交通運輸，都是困難重重，加上時逢冬令，更增加行軍的辛苦。職業軍人對這種政策施行的批評，由純軍事上的觀點來加以反對，是很自然的現象。而寇爾本人雖貴爲參謀總長，但他並沒有帶兵實戰的經驗，除了精於玩弄政治手腕以外，別無所長，是典型的成事不足，敗事有餘的人物。爲了表顯他對政治人物的忠誠，他決定在 1962 年 11 月 13 日發動東線的攻擊，預計第二天 11 月 14 日就可以完成占領印度宣布的國界。11 月 14 日，對寇爾而言，是一個重要的日子，因爲那天正是尼赫魯的生日。由此可見，軍事上的行動，

完全被政治上的目的所左右。但是冦爾没有想到的是，他的軍事攻擊正好落入中共爲他預備好的圈套中。隨著局勢的發展，印度發現他們的進攻成了不斷的後退。到 11 月 20 日下午三時，當印度第四十八團被包圍殲滅的消息傳出後，印度在東戰場已經没有有組織的軍隊留下。在軍事上，印度經過三年的經營，到此完全的失敗，而一星期前，全國尚期待的軍事勝利，反而引來中共的長驅直入。國會以沈默無聲來迎接尼赫魯，當他簡短的報告東線的潰敗後，國會的憤怒恐慌如雷似的爆發出來。首都新德里人心惶惶，謠傳中共將大舉入侵，美國大使當日的報告：「今天德里陷入極度的恐慌中，我第一次見證了人民意志的破產，到處都是驚慌及謠言」。那天晚上，尼赫魯秘密的向美國緊急求援，他要求美國的戰鬥機及轟炸機馬上出動阻止中共的繼續深入，而美國也立刻命令太平洋艦隊的航空母艦向印度洋出發。印度至此正式成爲反共國家，也完全改變了在國際上不結盟的形象。同時也引起了總理及總統之間的政爭。

　　當天，在印度東部的亞撒省（Assam），公路上擠滿了逃難的人群，軍事當局正在策劃大舉破壞水電交通等公共設備，幸運的是，這時已找不到工程人員來執行命令。出乎大家意料之外，第二天，11 月 21 日一大早，中共宣布單方面的停戰，並主動的撤回原來的防線。因爲消息是如此的突然，《英國時報》的標題是「中國這一突然的決定，簡直令人難以置信」。其實，對中共來講，這是一個在軍事衝突前，早就擬好了的對策。印度政府直到最後才發現，

中共並不想入侵印度，也沒有領土的要求，中共所進行的這一場戰事，只是因應印度的武力挑釁，作一個懲罰性的教訓而已。統計這場戰爭，印度陣亡三千人，被俘的有四千人。中共陣亡三百人，無一人被俘，中共不但達到了軍事的目標，政治上也達到暫時的和平，而這種狀況一直維持到今天。

結　論

歸納這兩本書給我們的啓示，不難找出以下數點：

一，兩次的衝突，中共都是處於被動的反應中。主動的一方，第一次是美國及美國領導的聯合國。第二次是印度及與印度關係良好的英國、美國。韓戰是弱勢的中共對抗強勢的美國。中印之戰是強勢的中共對抗弱勢的印度。然而有趣的是，中共的對策都是同一模式，外交上是力主和談避免衝突，到了實在避免不了軍事衝突時，就全力以赴的以武力對抗挑戰者。中共在軍事上的戰略都分兩個階段，第一階段是短暫、小面積的接觸，這是試探及警告，如果對方不知停止繼續的深入發展。第二階段就是全面致命的一擊，務求達到敵方的瓦解，失去戰鬥能力為止。這種作法不但在軍事上產生巨大的震撼影響，在對方國內的政治發展上，也引起一連串起伏不定的連鎖反應，終於引燃美國及印度國內政治危機。

二，中共以軍事的優勢，配合政治上的攻勢，加上靈活的外交活動，得以和平的解決兩次的糾紛。如果我們回顧中美雙方在韓戰中的形勢是如此的懸殊；軍事上美國握有絕對的海空優勢，政治經濟上，美國是世界首富，行政

效率最高的國家，外交上，美國控制了整個聯合國。而在中共的一方，甚至同爲共產國家的蘇聯也置身事外。在這樣惡劣不成比例的環境裡，中共如果沒有在軍事、政治、外交三方面密切的配合，互相支援，是不可能達到令美國及聯合國止兵於國境之外；令印度不得不放棄蠶食西藏邊界的政策。中共在這兩次的衝突中，實際上盡其可能的發揮了天時地利人和的條件，雖處於劣勢，而終取得勝果。正如麻州參議員沙通斯泰爾（Massachusetts Republic Senator Saltonstall）說的：「我想知道的是：何以我們的總統、麥克阿瑟、安契遜及聯合參謀總部，都做了如此不正確的判斷，而中共居然能如此有效率的介入這場衝突，我們豈不是被中共所愚弄了嗎？」

三，中共成功的地方，就是對方失敗的所在。韓戰時，美國有傲慢跋扈、自以爲是、不聽指揮的麥克阿瑟，最後逼迫杜魯門在陣前撤換主將，引起國內共和、民主兩黨長期的鬥爭。中印邊界衝突時，尼赫魯與部分職業軍人不睦，造成他所用非人，擾亂了軍事的布局。在戰爭的時機上，美國及印度偏偏選擇了冬季，對軍事行動極爲不利的時刻，而事實證明，中共反而能利用如此不良的天時，配合自己的訓練及戰術，使之成爲對自己極爲有利的條件。同時在地利上的利用，對美國及印度更是有百害而無一利，所以注定了求和之外，無路可行的結局。

四，中共爲這兩次的衝突，所付出的代價是驚人的巨大，尤其是韓戰，中共軍隊傷亡數字達到二十九萬人之高（美國軍方的估計）。然而在戰後，中共並沒有非份的要

求。在中印的衝突中，中共更以勝利的一方，自動的停戰，撤兵回駐地。這種不爲己甚的外交攻勢，是西方國家在政治思想上，軍事策略上，外交經歷上，所從來沒見過的例子。所以主管英國外交的卡西亞爵士（Lord Caccia）在 1966年檢討中印邊界戰爭時說道：「有史以來，沒有任何強權國家，像中國一樣，在完全戰勝敵國後，單方面的宣布停戰，並自動的撤回原來的邊界，也沒有其他的要求」。原來中國所要求的並不是領土，也不在乎名聲，所要的是如何經由和平談判解決邊界的爭端。軍事行動只不過是爲了達到這個目的而已。然而也奠定了這兩處邊界，及中美中印之間長期的安寧及和平。這豈不也應驗了「不打不相識」這一句成語嗎？

B4 今日美國銀行面臨的挑戰

1993 年 12 月 7 日，美國紐約各大新聞都在第一版報導匹次堡（Pittsburgh）的「米龍銀行」（Mellon Bank）以十八億買下了全美排行第六的「德內法斯（Dreyfus）共同基金公司」，Dreyfus 名下共有一百三十多種不同項目的共同基金（Mutual Fund），這家公司控制下的資產高達八百億元。「米龍銀行」和「德內法斯」合併後，「米龍銀行」控制的共同基金將比任何其他的美國銀行高出幾倍而有餘。對於這項新聞報導，許多人都會問，爲什麼米龍要和德內法斯合併？合併有什麼好處？這次的合併是不是獨特的例子？

爲了回答這些問題，我們不難從目前美國銀行所面臨

的挑戰中找到答案。

　　從表面上看，美國銀行已經逐漸從八零年代承繼的災難中恢復過來，並且已經連著記錄了八季的高收入。盈餘甚至達到破紀錄的程度。但是我們從聯邦政府主管經濟的班森（Lloyd Bentsen）對整頓銀行計劃的最近的談話，及各地銀行股票的普遍不振現象，可以看到一個危機正在潛伏在今日美國的銀行中。

　　簡單的說，這個危機就是，傳統的美國銀行經營方式已經不足應付目前日新月異經濟環境的改變。傳統上美國銀行的儲蓄存款的機能已經被低利息擊倒，利息的過於偏低，迫使個人存款及那些控制鉅額資金的退休基金轉投高利的共同基金。從統計上看，今年美國共同基金所控制的資金已經追上全國銀行的總儲存，都是兩兆美元，而這種此消彼長的發展傾向，隨著時間的拉長，將更為明顯。另一方面，美國銀行傳統上的借貸放款營業，也由其他的投資機構侵蝕，已經有越來越多的大公司、行號、大企業避開銀行，轉而向退休基金借貸。

　　為了克服這些危機，目前銀行的對策，可以從兩方面來著手：一方面，銀行力促聯邦政府改善銀行的法規，精簡管理部門，以面對新經濟環境的挑戰。班森提出的計劃就是這種努力的結果。另一方面，就是改變銀行服務的方式，以兼併共同基金公司來打開經營之道，就是說，開闢以管理經營投資者的資產，作為服務的對象。我們可以確定，像「米龍銀行」與「德內法斯公司」合併的例子，將會繼續不斷在美國出現。

B5 從創造時代的教育到為時代
所困擾的教育 ── 美國教育的悲劇

今日美國的教育已經成為大眾批評、攻擊、諷刺、咒罵及取笑的對象。上自總統（布希、克林頓等）下至百姓芸芸眾生，都主張美國當前的教育非改革不可。翻開報紙，幾乎每天都有學生打架鬧事、帶槍上學、攻擊教職員的事件。校園中毒品橫行、未婚生子、同性戀等已經不成新聞。就以紐約市為例，開學的第四天，布魯克林一間有武器偵查器設備管理嚴密的學校，竟然發生槍擊事件。幾天前，紐俄克高中一名十九歲的學生，用槍打傷了兩名同學。最近紐約教育局公布 1993-1994 年度學校暴力事件統計，一共一萬七千多事件，比上一年度超出百分之二十五，打破了歷年的紀錄。在繳收的四千多件攻擊武器中，有一百四十六枝手槍，四支步槍，及一千六百多把各種款式的刀劍。連學校總監科蒂納斯（Ramon Cortines）都說「由此可見，紐約市的學校是多麼的不安全」。學校已經不是傳授學業，培養做人品德的地方，學校成了製造問題、散播社會混亂不安的中心。而學費的高漲，大學教育為中產階級帶來的壓力，一年甚於一年。國民義務教育為地方財政帶來了不能解決的難題。美國的教育已經變成了今日美國江河日下、民生窮困、社會失序、家庭破產的主要因素。簡單的說，就是今日美國悲劇的製造者。

但是，我們要問問，為什麼美國的教育會病入膏肓？美國今日的教育是否像一些衛道之士倡義的非徹底改造不

可？學校改造真能行得通嗎？

　　七十多年前，年輕的胡適由海外帶回了美國的教育理想，杜威的實踐教育哲學，尊重個人啟發式的教學方法，進步合理的科學課程內容，有教無類的教育制度。就是這個美國的教育理想，徹底的改變了近代的中國歷史，也開啟創造了一個全新的時代。五四運動是這個時代的啟蒙活動，從此中國的教育在傳統嚴謹保守的基礎上，加上了活躍進取的因素，把年輕一代的中國人的視野，推向更廣闊的天地，讓中國人的才華精力向各方面展開。從民國初建，到八年抗戰，到戰後的台灣，到文革後的中國大陸，凡是有理想有才幹的知識青年，有誰不想到美國取經？有誰不嚮往美國的教育環境？一代代的中國知識分子遠渡重洋，學業的成就，事業家庭的建立，進而參與國家之建設，豈不都拜美國教育之賜！豈不是美國的教育創造了我們的時代！

　　其實，近年來美國學生素質的低落，學生品行的惡劣，並不表示美國學校教育的失敗。美國學校的教育宗旨、教學方法、課程內容仍然保持著過去的傳統，而這也是美國所以能在兩百年內，由英國的殖民地躍昇為全球最富強的霸主的原因，既使今日這種成功的因素仍在發揮作用，最明顯的事實足以說明美國學校教育成功的實例，莫過於一些亞洲移民子女在接受美國教育後的特出優異的表現，及其所達到的成就。幾十年來，衡量學生學業學識才能成就的指標，如「SAT」，「西屋科學獎」，「總統學術獎」，各種各樣的學術競賽，亞洲移民子女所取得的優異地位，都受

美國教育之賜。如果美國教育真是失敗的話，這些成就就不可能成爲事實。亞洲學生所接受的教育與一般美國家庭子女所受的是同樣的教育。而他們能在語言生活習慣不同的不利情況下，反而成爲學業上，特別突出的一群，有別於美國同學，其中最主要的因素，恐怕也是唯一的因素，就是他們所受到的社會及政治的污染，遠較他們的美國同學爲少。

什麼是社會的污染？歸納起來，不外電影、電視等大眾傳播媒體所散播的畸型病態的文化。這種文化以色情暴力的包裝來引誘吸引人，以巧取豪奪致富爲內容。把傳統的美國社會價值、倫理觀念，像誠實、守法、進取等美德丟入垃圾桶內。從統計數字就足以證明社會污染給於美國學生身心所造成的傷害，遠非學校教育所能加以糾正。

美國學生平均每週花在電視上的時間是三十小時，與在學校中學習的時間相差無幾，電視對於學齡兒童的污染，遠非一般人所能想像得出。《紐約時報》8 月 5 日 Elizabeth Kolbert 報導：「兩年來，美國國會及社會人士對電視上暴力的宣揚，雖然壓力日增，而廣播及電視媒體也一而再，再而三的宣言要自律，然而，兒童所接觸到的電視暴力鏡頭，有增無減，根據最近發表的廣播媒體及公共事務中心所做的調查，今年的暴力鏡頭比去年的增加了百分之四十」。像這種不減反增，一年比一年增加的強迫洗腦，不斷灌輸的仇恨報復、暴力色情，將根深蒂固的植入年輕的一代中，相對的是學校中的教師除了傳統的教學責任之外，更加添了一些社會上所給於的額外的工作，像煙

酒毒品的預防、性教育的開導、家庭的輔導（未婚生子）等等。為了對付這些社會上的病態，作為一個教師，除了必須具備教育的學位外，另外必須加修至少三十個學分，其中包括人際關係、特殊教育、防止虐待兒童等等課程。這無異分散了教師可用以教導學生的時間及精力。從學生方面看，在學校學習的時間，在每學年一百八十天的硬性規定下，必須抽出時間應付這些多出來的課程，分散了學習的時間。幾個月前，「國家教育委員會」（National Education Commission）發表了年度調查報告。證實了大家早就料想得到的結果。美國學生用在學習基本課程（英文、科學、歷史、數學）的時間，只占全學年的百分之四十一。美國學生學習基本課程的時間，平均是一千四百六十小時，比之日本的三千一百七十小時，德國的三千五百二十八小時，相去太遠，學生素質的低落也不問可知。

在這樣問題重重的環境裡，原應該是有理想有抱負的教育工作者提出改革意見的時候，正如二次大戰後，美國的教育家譬如加州大學的冠爾校長（Clark Korr），哈佛的康南校長（James B.Canant），芝加哥大學的赫欽斯校長（Robert M.Hutchins）等，都對當時的美國政治、教育、外交、科學、社會道德及一些重要的課題公開的批評並提出合理的建議言論。

然而，今天美國的教育家在國內一片混亂，國外百廢待舉的時代，極需要有識之士多所倡議時，竟然鴉雀無聲，沒有任何的批評、也沒有建議。今日有理想的教育工作者，受了社會輿論的限制，又顧慮政治上的迫害，言論稍偏向

自由主義，必引來保守派的攻擊，偏向保守的發言，又引來自由派的作難。在這個號稱新聞自由的國家，已經發展到了沒有言論自由的程度。1992 年新任斯坦福大學（Stanford University）校長的卡斯伯（Gerhard Casper）公開的承認「我被任命爲校長，並不是要我對一些社會問題有所建言，如果我說了，我一定會得罪一些人」。而那些指派卡斯伯爲校長的董事們，所要的，就是要他少說話少出風頭。新任哥倫比亞大學校長的魯樸（George E.Rupp）不但在校外不敢發言，甚至在校內也不肯多嘴，已經成了校內著名的隱形人物。而目前美國人的理想，好像除了賺錢，其他都不必談。斯但利・開慈（Stanley N.Katz）「美國學習協會」會長，就公開說：「今日美國無論是個人或公私機構，所追求的就是如何致富，沒有其他任何事情比這更吸引人。」

其次，論到政治的污染，其對美國教育所造成的傷害，並不減於社會的污染。更糟的是這兩種因素，互爲因果，其結果對美國的教育將是程度越來越嚴重的破壞。首先，民主黨自由派的過度強調個人主義及人權主張，破壞了美國傳統的學校管教機能，青少年從小到大，家庭既無法定的管教權利，學校更缺乏有效的管教制度，個人主義行之過分，家庭的和諧、社會秩序的維護、法律的公正執行，都將因青少年的缺乏管教受到嚴重的考驗。共和黨的保守派爲了糾正這些缺點，主張以宗教的機能來恢復學校的秩序及社會的和諧安寧。但是，在政治的鬥爭中滲入宗教的成分，不但破壞了美國立國時政教分離的原則，更由於宗

教所具有的絕對性質、獨占性質、缺乏容忍，容易走入極端，與民主政治所賴以生存的妥協精神背道而馳，加以各種宗教亦想由政黨的鬥爭中壯大自己，因此，利用節育墮胎，同性戀等社會問題，先行分化，進而控制共和黨，形成民主、共和兩黨水火不能相容的局面。更自 1980 年代美國施行所謂的「雷根經濟政策」（Reaganomics），國家及個人都爭相舉債，終使美國經濟由週期性的衰退發展成長期的經濟大蕭條。各級政府能用在教育上的經費越來越少，學校的維修設備的更新，教員的薪給都越來越難以維持過去的水準，教育環境的惡化，終成不可避免的事實。而美國又是個多種族多元文化的國家，一旦教育失去控制，將更深的觸發各種族間的文化經濟衝突，全國將面臨分崩離析的一天，這將是誰都不願看到的結局。

B6 美國廣告業與廣告藝術簡史

美國廣告業由立國初期到現在，大約可以分爲以下四個階段。

第一階段由 1776 年到 1929 年。這是美國廣告業萌芽時期，也可以說是印刷媒體（Print Media）時代。美國廣告業的基礎及其將來發展規模的各種因素，都在這一階段具備及完成。美國開國初期由英國殖民地形成的自給自足的農業社會，經過爲解放黑奴而進行的南北內戰，逐漸進入初期的大量生產（Mass Production）的工業革命時代。廣告也由原始的地域性的報紙上的海上船期、新到貨品名單等的簡單通告，發展成工業革命全國性商品的大量生產

的促銷（Promotion）工具。報社也因為印刷術的不斷改進，紙張費用的降低，編排技術的改進，內容的逐漸充實，版面的講究美化，發行量大增，影響力也跟著增加。1909 年到 1920 年之間，相繼產生了 Hearst, Scripps, Pulizer 等報紙業大集團。早在 1914 年，紐約及芝加哥的大型報紙就有能力每天出報五十萬份，每份厚達六十四頁。廣告商（Advertising Agent）因報紙的普及也應運開始產生。波斯頓（Boston）的商人 Volney B. Palmer 及隨後的 John Hooper, George Rowell 等組織了最原始形態的廣告公司。最初的廣告商向報社預購版面，然後向各種產品的公司延攬產品的通告，並向其收取支付報社版面的費用及服務佣金。這種廣告商居於產品公司及媒體之間，中介人地位的廣告制度一直延用至今。即使今日媒體發展成多樣的變化，產品的種類也擴及生活的每一部門，然而廣告業的基本結構、制度的設立、運作方法等，都仍然保持原有的型態。在這階段，美國產生了一些極具影響力的傑出廣告設計藝術家，如 Maxfield Parrish, Leyendecker, Coles Phillips, John Hold, Norman Rackwell, Herbert Paus 等。這也是一個廣告美術與純美術（Fine Arts）最為接近的時期，由於設計美術廣告的優厚待遇，許多出名的藝術家也同時從事於廣告美術及純美術的創作。

第二階段由 1929 年到 1945 年。這是美國廣告業潛存發展的時期，也是傳播媒體（Broadcast Media）開始的時代。收音機（Radio）開始在美國流行。1929 年美國發生影響全球的經濟大崩潰（The Great Depression），接著幾年

的經濟大蕭條，全國有四分之一的人口失業，廣告經費由
1929 年的三十四億元遽降為 1933 年的十三億元。許多廣
告公司宣告破產關門。由於商業活動的不景，廣告的作用
及效能也引起人們的質疑，因此才開始有「意見調查」
（Public Opinion Poll）「蓋洛普」（George Gallup）的民意
調查的產生。經濟蕭條也促使廣告行業由保守的傳統，逐
漸的走向開放創新的途徑。一些積極的促銷手段也開始出
現，其中免不了一些欺騙的花招，由此引起聯邦政府的干預，
才有像「食品藥物檢驗局」（Food and Drag Administration）、
「貿易委員會」（Trade Commission）等的監督機構的設
立。1940 年代，美國加入第二次世界大戰，工商企業由政
府的鼓勵及資助，全力的向軍事工業發展，全國總動員，
連婦女也加入了軍事工業生產的活動。在經濟上，婦女開
始逐漸獨立自主，為戰後經濟快速發展提供了決定性的因
素。廣告行業也受戰爭的影響，在各級公私機構的資助下，
做了不少宣傳（Propaganda）的工作，出產了不少有名的
宣傳廣告，政治宣傳經過戰爭終於在廣告上取得了正式的
地位，從此美國政治上的宣傳，與廣告的應用得到了正式
的結合，廣告也發展成今日是推行民主政治不能缺少的決
定因素。

　　第三階段由 1945 年到 1960 年。這是美國廣告業突飛
猛進，擴張迅速，影響力遍及全球的時期，也是美國由市
場經濟（Market Economy）正式進入消費經濟（Consumer
Economy）的時代。市場經濟是指供應及需求之間，經濟
活動的自然平衡（The Law of Supply and Demand）。供應

過多，價值就下降，反之需求增加，價值自然上昇。二次
大戰後，美國由於廣告的快迅發展，通過各種媒體的渲染，
啓發大眾對更高層次生活享受的追求，不斷的製造需求，
同時廣告業也參與生產組織，鼓勵大量的供應，加速供應
及需求之間的輪迴，促成美國長期的繁榮，產生美國式的
現代消費文化（Consumer Culture）。隨著二次大戰的結束，
戰後幾百萬復員軍人的還鄉，帶回美國的是世界性的認
知，及戰爭中新獲得的科學技能。軍人還鄉的第一件事就
是完成因戰爭中斷的婚姻。戰後的第二年，1946 年一年之
內就有二百二十萬對的新人結爲夫婦，緊跟著的就是嬰兒
潮（Baby Boomers）新生代的產生。由 1946 年到 1964 年，
美國人口增加了七千六百萬，全國三分之一是嬰兒潮的人
口。同時從 1940 年到 1955 年十五年之內，美國一般人的
薪水收入增加了百分之二百九十三。收入增加汽車的產銷
也由 1946 年的二百萬輛增加到 1950 年的六百七十萬輛，
因爲行動範圍的擴大，各地房屋的增建也在這期間增加了
百分之五十，速食的供應也蓬勃的發展。爲應付這些新的
情況，各種企業也利用由戰爭中取得的驚人進展，採用新
的管理及營運方法，盡速地推出新產品，廣告行業也由需
要及供應之間的介紹角色，變成製造需要的主角地位，不
但改變了美國人的生活方式，也使美國成爲戰後世界主要
的經濟力量，從統計數字上就可以清楚顯示，美國經濟力
量之雄厚，從戰後到五〇年代結束，占世界人口百分之六
的美國人，製造了全世界三分之二的產品，同時也消費了
當時全世界三分之一的物質及資源。1946 年 1 月 7 日，《廣

告年代雜誌》（*Advertising Age*）在其社論中就正確的預言並且宣告「戰後廣告取得了新的形象，有了新的任務，也擔負了新的責任，它再也不是僅爲產品而服務。很清楚的，廣告業證明它潛在的能力是在塑造社會的觀念」。這種觀念就是把市場經濟經過廣告的應用，更進一步的把美國社會推向消費文化的範疇。在這階段美國廣告界產生了一些傑出的人材如 Leo Burnett, Bill Bernbach, David Ogilvy 等，他們在美國廣告界各有其特殊的成就及貢獻，同時他們也爲當代美國廣告發展建立了理論上的基礎。廣告美術也在這階段與純美術的創作距離越走越遠，這是因爲廣告美術在創作上必須依據客觀的需求，也必須具有市場的價值，成本的考量等因素，其與自由意志不受約束的純美術，在創作的態度上就有極大的差別。廣告美術在題材的廣泛應用上，更是純美術所望塵莫及，在表現的手法上，廣告美術所使用的科技產品更是日新月異，沒有特殊的專業訓練就不能從事這項工作。總之，廣告美術是商業美術中最複雜，應用範圍最大，影響力最廣的美術活動。最複雜是指：廣告美術與印刷術、攝影術、傳播術、資訊傳遞等都有密切的關係。範圍最大是指：廣告藝術直接、間接對人類生活面的參與的範圍而言。影響力最廣是指：人類的所有的生活活動、言語思想、行爲準則，都多多少少爲廣告所感染。

第四階段由 1960 年直到現在。這是廣告邁向未知將來的時代。可以用多媒體（Multimedia）時代來代表。回顧1950 年代擁有電視（Television）的美國家庭僅占百分之

九,但自 1960 年代直到現在,百分之九十九的美國家庭都有了電視機。廣告已經不僅是外面的布告,也不僅是報章雜誌上精美的印刷品,廣告已經直接的經由電視打入了家中的每一份子。從行動不便的老年人,直到初學語言的嬰兒,都免不了它的影響,接受它的洗禮。它不僅是為商品的推銷而服務,它同時也形成了生活的習慣,塑造了整個一代的典型。在政治上,它扮演了越來越重要的角色,在經濟上,它可以左右市場的發展。在娛樂消遣上,它提供各種各樣的選擇,在衛生健康上,它推銷最新的取向,在教育產品引用上,引發極大的爭端。甚而至於宗教信仰也依靠廣告來擴充壯大。進入八〇年代,電腦(Computer)的大量採用,廣告的方法更為擴張,造作更為快捷,手法更為細緻,不言可喻的,廣告的影響力將更為擴大。然而其所引起的諸多問題,如法律上的糾紛也會越來越複雜而難於解決。廣告的費用也逐年的上漲。1994 年美國國內的廣告費用即高達一千四百九十億元。由於廣告費用的昂貴,只有大型的企業才有能力從事長期的宣傳,這將造成市場壟斷的嚴重後果,其他如電腦對廣告未來的取向等,都是廣告將來所將面對的新的挑戰。隨著廣告業向各行各業的推展業務,其所涵蓋不僅只限於原來的工商企業,舉凡經濟、財務、政治、文化、教育、娛樂、科技、宗教等等,幾乎無所不包、無所不容,因此對廣告藝術上的創作,也要求進入更為深入、更為精密、更為專業化的領域,已成為不爭的事實。

B7 從經濟發展看區域性的權力
平衡與台灣所扮演的角色

　　自二次大戰結束後至 1980 年代結束，四十多年中，世界的和平是維繫在美國與蘇聯兩國間的權力平衡上（Balance of Power）。從字面上的解釋，當初的權力平衡是指美蘇兩國在軍事上、外交上保持的均衡勢力。照理說 1989 年蘇聯解體後，美國是世界上唯一的超級強國，應該領導世界走向和平，而事實上美國也曾經有過這種企圖，1991 年布希總統（George Bush）曾經命令國防部草擬美國如何以超級強國的姿勢來領導世界的計劃。然而面對國內持久的經濟衰退，不久美國政府也知難而退。

以武力及外交為主體的美蘇兩極均勢的破壞

　　蘇聯的解體是極具戲劇性的突發事件，並且是有目共睹的事實，而美國在國際事務上的淡出，卻是在不知不覺中逐步加深，漸漸失去控制所造成。不容否認的美蘇兩國維持均勢的破壞與軍事力量無直接的關係，其均勢的不能維持都是受兩國經濟衰退的影響。八〇年代，美國因國債的突然暴增（由每年的七百二十億增加到每年的兩千七百八十億），入超的只增不減，輕重工業的不斷流失，貨幣利率的巨幅波動，終於引發 1987 年的股票大崩潰，從此以後，美國和蘇聯一樣只能眼睜睜的看著世界各地分崩離析無能為力。早在 1992 年，國際關係教授蔡斯（James Chace）就宣稱美國不再是超級強國，世界上已經沒有超級強國了。因此，代之而起的就是以經濟的力量維持區域間的權

力平衡。

區域性權力平衡的理論

　　這種主張講得最坦白的是加州大學洛杉磯分校的國際政治教授克利斯多夫・賴恩（Christopher Layne），他在 1993年《國際安全雜誌》（*Journal International Security*）發表的〈和平的毀滅〉（"The Perils of Stability"）中說：「冷戰時期，因為有美蘇兩個極端的存在，國際間才能維持穩定的局面，現在國際間的關係又回到了大國強權之間的互相競爭，冷戰時期的盟國將成為後冷戰期的競爭對手，美國不可能從自認為唯一的超級強國中取得絕對的安全。美國僅有的有限的力量，將是從區域性的新興的強國之間互相抵制中取得。除非政策的擬定者能夠面對現實，美國將不能適應也沒法應付這新的多極端的世界局勢」。賴恩在這文章裡用了兩個代表性的名詞：在冷戰時期，他用兩極端（Bipolarity）來代表美國蘇聯，在冷戰後的現在，他用區域間（Regional）多極端（Multipolar）來形容各區域間興起的強勢國家。這是為什麼台灣及海外的華人，甚至美國人自己都不能瞭解，蘇聯已經不存在了，美國再也不需要玩中共牌以對付蘇俄，為什麼仍然對中共低聲下氣？克林頓總統（Clinton）1992 年競選總統時，就把中共形容成獨裁的政權，但是到了當選總統後，面對美國在遠東的利益，就不得不自己改變說法，千方百計的拉攏中共，就連權勢如日中天的眾議院議長金瑞契（Newt Gingrich），前些時我們還聽到他大言不慚的說，他偏不賣中共的帳，可以對著幹，要把台灣拉入聯合國。結果怎樣？僅僅兩天以後，

季辛吉（Kissinger）和他交談後，他就不得不申明自己說過的話不能算數。這是因為世界的局勢既然無人能作主，退而求其次，趨向區域間由經濟發展成為強勢國家間的權力平衡。

美國日本中共在東亞維持的權力平衡

因此，美國要想維持東亞的利益，就必須與日本保持權力平衡。美國與日本在遠東的均勢，必須考慮中共這一重要因素。如果日本與中共的關係太密切，對美國的利益將構成巨大的威脅，同樣，如果美國與中共的利益掛鉤，對日本也將產生深遠的傷害。所以，中共是美日兩國在東亞權力平衡中一個重要的法碼，中共只要稍為傾向天秤的一端，另一端就吃不消。由於中共經濟發展不斷的增進，（從1989 年到 1994 年國家生產毛額 GNP 平均每年增加百分之九）其對東亞的權力均衡所代表的份量也就越發加重，而自改革開放以來，中共也自覺所代表的力量日日強大，所以態度也越來越強硬，相對的美國及日本也不得不更加倍小心謹慎的對待中共。然而目前在維持東亞的均勢中最不穩定，隨時都可引發突變的，就是台灣的尋求獨立及加入聯合國的訴求。從日本美國中共三方面來看，台灣的要求都是破壞目前遠東均勢最危險最具爆炸性的因素。

首先，台獨的養成及發展，最初是由日本一手促成，主要的人物也都由當年留日的台胞組成。日本的目的是企圖在中共與台灣的國民黨競爭之間，製造於日本有利的條件。但是自 1970 年代開始，在美國的台獨勢力得到美國政學界的協助，後來居上，取得領導的地位，而以鼓動美國

國會參眾兩院通過促成李登輝總統訪美事件最具代表性。這發展自然引起日本的不滿，認為由美國發動的台獨運動，顯然對日本沒有利益可言，所以日本的輿論一而再的警告台灣當局不可玩火。更藉「太平洋經貿會議」台灣代表問題公開的羞辱打擊台灣。所以同樣的台獨對日本及美國就代表不同的利益。

　　其次，美國及日本都已從中共的改革開放及市場經濟發展中取得巨大的經濟利益，這種利益無論是原料資源的掠奪，加工出口的收入，消費市場的占有，工商企業投資的盈利，公共工程的利潤等，對面臨經濟嚴重衰退的美國及日本，都占極為重要的地位。台灣的尋求獨立，無異的將帶動並且重新調整這種經濟上已形成的結構。這是為什麼美國及日本的工商企業界人士不願捲入台灣獨立的原因。

　　第三，美國在日本及韓國駐軍，是一個極為敏感微妙的問題，從美國方面來講，在遠東駐軍表面上是維持遠東的和平，為日本及韓國提供原子保護傘，以對付中共或俄國的軍事威脅，暗地裡是防止日本的重振軍備恢復軍國主義。對日本來講，美軍的駐防曾經防止日本共產主義的漫延，同時，私下以美軍的駐防作為與中共交涉的籌碼。

　　第四，中共對台灣的看法可以從兩方面來看待，第一，國民黨的台灣是既有的事實。第二，在一個中國的前提下，只要台灣能提供資金及經營的人材帶動國內的經濟發展，則中共對統一的要求沒有一定的條件，也沒有一定的期限。但是超過這個限度的宣布獨立或要求加入聯合國，是

中共所不能坐視容忍的，只要台灣在這方面表現得越明
顯，反制的力量也隨著加強，這樣互相激盪、步步升高的
行動，終將引起軍事的衝突。然而，即使最低程度的軍事
行爲，遠東的均勢將整個的瓦解，這是美國及日本兩方面
都不願面對的情況。綜合以上的分析，展望遠東的局面，
我們可以預測，由於台灣獨立的活動已經超出台灣本土的
政治訴求，因此從美國日本及中共三方面來看，都不希望
台灣在宣布獨立、加入聯合國等要求上有突破性的發展。

B8 試論美國式的民主制度與貪污的關係

　　如果有人宣稱貪污是資本主義民主政治在市場經濟的
運作中，不可避免的產物，說美國式的民主政治和貪污是
兩位一體，一個銅錢的正反兩面。一定會給人一個印象:「又
是共產黨的宣傳」。一般的誤解，而這也是一種非常天真，
自以爲是的想法，以爲只要政治民主化、法制建立，貪污
就可以一勞永逸的消滅掉。其實沒有比這更幼稚、沒有比
這更不合邏輯、完全沒有事實依據的理論了。因爲事實證
明，貪污的演變與這理論剛好相反，越是民主法治的國家，
貪污的技術越高明，所造成的影響也越長遠，所形成的禍
害也更巨大。芝加哥大學美國保守主義經濟理論大師，1992
年「諾貝爾經濟獎」得主貝克教授（Gary S.Becker），在他
著的《活的經濟學》（The Economics of Life）中明白的指
出美國政府由於權力的膨脹，已經成爲全球最偉大的貪污
國家（Most Corrupt Regimes）。

　　僅僅八年以前，1989 年，全世界的輿論及各種各樣的

報導都一面倒的公認日本是戰後經濟起飛最佳的代表，是進步民主法治的模範。這是因為戰後日本由軍人獨裁的帝國，經過美國的改造，以美國式的民主選舉為榜樣，建立所謂最守法，最清廉，效率最高的法治政府。今天我們看到的結局又是怎樣？事實的真相又是如何的呢？過去兩年這種童話式（Fairy Tale）的偶像形象又何在！現在全世界都清楚的知道，操縱日本政治幾十年的自民黨，從上到下都受到貪污的傳染，導致政府垮台，政黨瓦解，領導人不是被起訴就是被判刑。其他像南韓、菲律賓、台灣等美國認為是民主初生嬰兒的國家，哪一天能少得了政黨及政治人物貪污的報導！當然民主才萌芽的中國大陸，貪污行為也正方興未艾。這些我們都不必去講論，讓我們來看看自認為民主法治老大哥們，譬如英國、法國、德國、意大利等的政黨，不論是右派的保守黨，左派的社會黨，其領導的精英人物貪污枉法的例子，可以說舉不勝舉。而龍頭老大的美國，更是此中翹楚。

隨便舉兩個實例，《紐約時報》1993 年 7 月 27 日一篇標題「貪污的審判，由兩宗自殺的例子引伸高階層的枉法」的報導，內容是義大利兩個最主要的政黨，基督教民主黨及社會黨的領導階層，多年來都神不知鬼不覺的接受意大利著名的 ENI 公司的賄賂及回扣。用《紐約時報》自己的話說，這是一件「空前的超級貪污事件」（A story of corruption on an enormous scale）。其實，《紐約時報》真應該把這極佳的形容詞保留給美國人自己用才合適。美國的政治人物，那些所謂政黨精英政治明星們，由底層的市長算起到

州長到國會議員到國會議長到副總統到總統，被起訴被判刑的充塞在每天的新聞中，可以說，已經不成其爲新聞了。1996 年 7 月 9 日，《紐約時報》公開社評版中 OP-ED，就有一篇題爲〈拉斯維加斯的黑金〉（"Easy Money in Vagas"）的文章，報導政黨與黑社會勾結的內幕。這是名記者 Sally Denton 的大作。內容是美國的賭博企業已經成爲美國政治上，能左右政黨的一股不容忽視的力量。民主黨、共和黨及其領導人物克林頓總統（Bill Clinton）及杜爾議長（Bole Dole）都曾經接受拉斯維加斯賭博大亨斯提夫・懷恩（Steve Wynn）的捐獻。賭博企業不但打入政治人物的核心階層，例如，杜爾議長的左右手 Frank Fahrenkopf（前共和黨全國主席）Paul Laxalt（前內華達州參議員）John Moran（杜爾的競選財務經理）等都被懷恩所羅致。同時，懷恩通過民主黨的內華達州州長 Bob Miller 和 Dr.Ghanem 與克林頓總統也建立起了關係。賭博企業並以其巨大的盈利，每年由賭徒手中欺騙榨取的金額高達四百億美元，通過各種管道左右政黨的施政策略。拉斯維加斯的賭博企業並爲此專門成立了一個對付政府的「政府公共關係部門」。這個部門至少以金錢賄賂及要脅恐嚇的方式，改變了兩次政府的政策。

　　1994 年，白宮曾經建議從賭博企業中抽取百分之四的稅收，作爲改革社會救濟政策的開銷，與懷恩關係良好的杜爾議長，當然反對增加這種賭博稅，然後，據《洛杉磯時報》報導，賭博企業發動了高壓的遊說（Fierce Lobbying Effort），促使國會議員群起攻擊白宮，導致克林頓總統趕

快放棄了這個建議。1996 年 6 月，克林頓總統為競選連任在拉斯維加斯的籌款會上，當著懷恩的面，公開宣稱他的內閣（Cabinet）從來沒有這個賭博稅的建議，更不用說白宮了。可見賭博企業已經公然要求總統自己打自己的嘴巴。

共和黨的情形也好不了多少。共和黨的保守派，在基督徒聯盟的草根性的組織裡，有很強烈反對賭博企業的聲浪，其中最令賭博企業臥寢難安的，就是由保守派把持的國會賭博影響委員會的召開，及這委員會的公開聽證權（Subpoena Power）。只要這委員會有這種公開聽證權，那麼賭博企業所有隱藏的罪惡，像與黑社會勾結的內幕，與政治人物的私相授受，賭博大亨的金錢來往，與毒品色情事業的相互利用等，都將毫無保留的暴露出來。為了阻止國會的公開聽證權，賭博企業直接攻進共和黨保守派的核心人物，眾院議長金內契（Newt Gingrich）。今年四月賭博企業大亨懷恩和金內契一同晚餐，第二天早上金內契在共和黨的籌款會（Fund Raiser）上就當眾宣布，國會的賭博影響委員會不應該有公開聽證的權力。像這樣大規模明目張膽的互相利益輸送的貪污枉法行為，也只有在這種民主法治的國家才能見識得到，這已經由低級的原始型態的官員個人貪污行為，像東南亞新興的民主國家，進入更高級更進步的集體或整個政黨貪污的局面。

為什麼法治的民主國家都會產生嚴重的貪污枉法行為？其實，追究起來道理也非常的簡單。

首先，自由貿易的市場經濟，基於商業上的競爭，必須應用捐獻佣金等的手法來推廣業務，這就與賄賂

（bribe），回扣（kickback）很難清楚的劃分界限。合法與非法可以任由律師來解釋。因為牽涉法律名譽問題，一般的百姓甚至新聞媒體也不敢過問。

其次，商業活動的最終目的是賺錢，能賺錢就成功，不賺錢就失敗，沒有道德的標準，也沒有社會的責任可言，因此任何商業行為凡不在法律的限制之內，或在法律的灰色（漏洞）地帶，都可以理直氣壯放膽去進行。

第三，民主法治的國家，工商企業的發展必須依賴政府的政策，而政策的擬定及推廣往往為少數的政黨精英所把持，因此各種團體如醫師公會、教師公會、步槍協會，婦女團體，基督徒團體等等各行各業的大亨們，都想盡方法打通政黨的核心階層，這樣才能推行與自己有利的政策，為自己謀求更大的利益，而這些團體及大亨們也成為美國兩大政黨的主要競選捐獻者（Contributor），形成了獨特的美國式的政治貪污（Political Corruption）。例如 1993 年 8 月，「聯邦選舉委員會」（Federal Election Commission）曾經裁定參議院院長杜爾（1996 年共和黨總統提名人）必須繳出十二萬元作為接受違法政治捐獻的罰款。因此，《紐約時報》專欄作家 Anthony Lewis 就明白的指出：「現在大家逐漸明白，政府的政策很少是基於公共的意見或大眾的需求。政府的政策是受了最重要的政治捐獻者的要求而形成。由於這些政策包裝的精巧，一般人很少能分辨得出來」。（1992 年 6 月 4 日《紐約時報》）。

第四，美國的民主自稱是建立在「言論自由」的基礎上。然而，金錢能製造輿論，金錢同樣也能阻止輿論。因

此，理論上的「言論自由」，實際上僅能應用在少數有錢控制輿論人的身上。紐約大學法學院教授 Burt Neuborne 就指出「現代的傳播媒體（Media）就好比是專爲富人守門的門房，只有他可以決定怎樣的言論才能傳達給社會大眾」。「言論逐漸成爲少數人專有的特權」。「財富不但能促進生產大量的消費品，也能製造大量的輿論」。「想想看，現在的競選費用和越來越集中經營的傳播企業，美國的民主制度，就好比是一座大型養豬農場，在那裡有錢人把錢丟在食槽裡，讓他們選擇的畜牲（政客）把錢吃下去」。（1996 年 7 月 15 日《紐約時報》公開社評版（Pushing Free Speech too Far）

最後，讓我們來談談貪污的格調（Style）問題，所謂格調就是等級，貪污當然可以分出等級，例如特級、上級、中級、下級等。好比最近歐美的新聞媒體就把印尼及中國等東南亞國家評爲貪污的最低級。看來，這些低級的國家不但得提昇國家的國民生產及生活水準，爲了達到民主的標準，還得加緊學習模仿如何提昇歐美等先進國家的高級貪污技術，否則如何能有資格擠入工業大國之林！

B9 活的經濟學

芝加哥大學是美國保守派經濟理論的大本營，其中主將是 1992 年「諾貝爾經濟獎」（Nobel Prize in Economics）得主的貝克教授（Gray S.Becker）。1996 年，他出了一本名爲《活的經濟學》（*The Economics of Life*）的書。這是一本收集他自 1985 年以來，在美國《商業周刊》（*Business*

Week）上他的專欄發表過的文章的文集。因為是雜誌上的專欄，所以他所討論的題目都是美國日常生活上發生的事情，不同於學院裡高深理論的鑽究。而他所用的語言，也是美國一般人都可以理解的俗套。這本文集最主要的目標，是貝克教授以他信仰的古典保守經濟理論作為標準，用來衡量批評目前美國政府的施政、工商企業的發展、社會的風俗習慣、群眾的心理、教育的措施、宗教的動向、體育娛樂的活動等的得失。總之，凡合乎於保守經濟理論的，都是正確成功的實例，凡背逆於保守理論的，都會產生不良失敗的結果，有些甚至引發長遠的禍害。那麼，什麼是貝克教授理想的保守經濟制度？他認為政府的權力應該越小越好；經濟上的管制及法規應該越簡單越好；各種稅收應該越少越好。因此，從東方人的觀點，很難想像，像美國這樣的一個龐然超級強國，經濟勢力遍布全球，科技日新月異的發展，其所推廣的消費文化複雜內涵，竟然有貝克教授這樣的人，堅持用類似老莊的小國寡民無為哲學來治理國家，這樣的主張未免有些不可思議。然而，也正因為他堅持著於保守理論，不免以偏蓋全、牽強附會，有些不盡情理。

譬如，他提出的政府貪污（Government Corruption）問題。他認為世界上所有的政府都免不了貪污（這一點完全正確）。但是他認為權力越大越集中的政權，貪污的程度越厲害。這一點他是以美國為例。隨著美國聯邦的權能膨脹，涵蓋面擴大，機能更為複雜，貪污的程度也年年的遞昇。因此，美國應當是目前世界首屈一指的貪污第一大國

（The Most Corrupt Regimes）。這一點他是美國人中極少數能反躬自省，坦白承認的君子人物。但是，如果以美國政府的權力與獨裁集權的國家來對比，希特勒時代的德國、軍國時代的日本、或史大林時代的蘇聯，美國政府的權力與集中使用，都遠不如這些國家。按貝克教授的理論，這些國家的貪污應該比美國的更嚴重才對，然而從歷史中追查，很少聽過這些政權有大規模的貪污枉法的報導，也沒有紀錄可以指出這些獨裁的統治者在瑞士銀行有多少存款。因此，貪污的流行與經濟理論沒有明顯的關係，卻與政治制度有密切不可分割的結合。貝克教授的結論是否應該修正，改成以下的程式？「民主制度是貪污的溫床，只要有民主制度就免不了貪污的生長，而假借民主又權力集中的國家，貪污的情形就更為厲害」。這樣是否更為合理呢！

其次，貝克教授認為，現代的美國父母對子女不夠關心（not nice）、不夠愛護（less affectionate），他把這種現象歸罪於美國的「社會安全制度」（Social Security and Medicare）。他說，父母親對子女的關心及愛護原基於將來年老時，希望子女能照顧及扶養來回饋。但是，自從美國在 1930 年代施行社會安全制度以後，年老的父母親都由政府來照顧，因此，父母對子女就不必愛護與照顧。這理論按字面的含義，似乎言之有理。誰都知道美國的社會安全制度演變至今已經毛病百出。然而，把這制度說成是破壞美國家庭的親子關係的禍首，未免「欲加之罪何患無辭」。其實，美國的保守派最深惡痛絕的，就是羅斯福總統

（Franklin D.Roosevelt）在 1930 年代經濟大崩潰後施行的新政及社會安全制度。幾十年來共和黨的保守派及古典經濟理論者處心積慮的，就是如何取消「社會安全制度」，他們完全沒有想過，美國能渡過經濟大崩潰的恐慌年代，帶領美國在二次大戰中戰勝獨裁專制的軸心國家，建立戰後獨步全球的經濟霸業，豈不都拜羅斯福總統新政之賜。尤其從東方人的立場來看，美國的父母對子女的愛護及照顧可以說無微不至，是東方人望塵莫及的。其實，東方人的傳統觀念就是養兒防老。但是東方人對子女的態度是管教，不是盲目的關心及愛護。只有管教才能使子女成器，也只有成器的子女才有希望，才有能力來扶養父母。因此愈是愛護討好子女的父母，愈容易養成驕縱懶墮不成器的子女，看看近年來美國青少年越來越多的暴行，這與貝克教授的理論剛好相反。由此可見，貝克經濟理論的偏激、牽強附會是多麼不符合自然常識的一面。明白事理的人都知道，美國人對父母的態度與其說是受了經濟制度的影響，不如說是受了社會觀念的感染更為合理。美國社會重視個人自由，養成了自私自利的個性，我們可以肯定，取消了社會安全制度，美國的年老父母照樣沒有人來扶養，與他們愛不愛子女毫無關係。

第三，貝克教授認為高稅率阻止了國家的進取精神，及工商業的發展，也養成了高稅率富人階層的逃稅習慣，他舉的實例是歐洲的高稅率國家瑞典（Sweden）。不容否認的稅率低的地方，譬如，香港工商業的發展快速，但是也造成了貧富懸殊的兩個極端。如果說為了減少富人的逃

稅習慣，最佳的方法，莫過於減少富人的稅，這理論就有些因噎廢食了。逃稅是人的本性，富人固然想盡辦法逃稅，中產階級照樣挖空心思的去找免稅的方法，把稅減一半，照樣人人都想能再減一半更好。因此，稅率的良否在於公平而不在於多少。

第四，貝克教授認為政府應該愈小愈好（cut government），因為政府的施政往往都是沒有效率的（ineffective）。（照他的理論，我們要政府做什麼？）他所舉的例子是最近美國國會通過並經總統簽署的「槍枝管制辦法」（Gun Control）。他說「槍枝管制辦法」限制了正當的槍枝買賣行業，但是對黑市交易的槍枝一點作用都沒有。所以根本就不應該有這個新法令。「槍枝管制辦法」是美國國會經過幾年的努力，在勢力強大的步槍協會及共和黨的保守派的極力反對下，一個不得已的妥協辦法，本來就是一個不完善的法令。但是，貝克教授故意利用這一個不妥善的法令來掩蓋一些更嚴肅更基本的問題：譬如，老百姓應不應該擁有槍枝？政府應不應該管理槍枝？

保守派的經濟理論並不新奇。中國老早就有藏富於民，輕賦簡政，休養生息等的相似的主張。新奇的是美國這樣一個政治勢力無遠弗屆，經濟力量支配全球，工商企業發展日益複雜的環境裡，居然有人要把死的教條作為一切活動的標準。是不是美國必須再經過一次 1929 年代的經濟大崩潰，才能沖淡這種過熱的「活的經濟學」。

B10 從美國來的舶來品 —— 試論台灣的
暴力罪行及社會動亂的來源

近來台灣的新聞充滿了暴力行為，頭版的新聞往往是謀殺、綁架、強暴。打群架從上層階級的國會（立法院）到下層的販夫走卒打個不停，好像只有動武才能解決問題。大家不禁要問，為什麼會變得這樣的下流？是什麼使得過去的美麗島變得如此的醜惡？當然，社會學家會指出，台灣已經由農業社會進入工商業社會，這是必然的現象。政治家會說這是因為政治還不夠民主，法治還沒有建立的原因。經濟學家會說這是貧富懸殊所造成的後果。人類學家會說這是人口過度膨脹所產生的結果。當然這些都言之成理，但是，有沒有人想過這些原因之外，另一個可能是這些行為是由外面輸入台灣的？

大衛‧柯特萊（David T.Courtwright）是北佛羅里達大學歷史系的教授，他著了一本頗受好評的書，書名是《暴行之國度：單身男性和社會動亂，從墾荒的西部到墮落的都市中心》（*Violent Land:Single Men and Social Disorder from the Frontier to the Inner City*）（哈佛大學出版社出版）。他從歷史上的研究得出一些非常有趣的見解。

首先他說，美國從一開始就是移民（Immigration）的國家。男女的比例懸殊，西部邊疆的墾荒單身的男性占了絕大的比數，為了生存的競爭及吸引女性的注意，往往養成了以體力炫耀，或訴諸武力解決爭端，再加上商人推銷酒精，普遍的酗酒習慣，政客的挑撥引起了種族歧視，培

養了極端殘暴的屠殺思想，爲了保衛自己，更養成了崇拜武器的行爲。好來塢的電影只不過把這些早年不光彩，充滿了血腥的歷史加以美化，並發揚光大而已。現代的美國人自認爲是文明的國度，然而這些暴力的因素（也可稱之爲美國的傳統），仍然潛伏在美國的社會中，因此，只要環境改變，隨時都會再暴發出來。最明顯的例子是那些在都市中心貧民窟長大的現代單身男性，由於現代單親家庭的日漸普及，傳統的家庭制度破產，毒品的盛行，炫耀體力的體育活動，種族歧視的被政客煊染挑撥，引起了社會的不安，暴烈的行爲日漸增加，因此大衛‧柯特萊說，美國已經成爲一個現代的暴力國度（Violent Land）。

從他的推論，再回頭看看台灣多彩多姿的社會新聞，不禁恍然大悟，原來事出有因，物有所本。這豈不是近朱者赤，近墨者黑，有其父必有其子嗎？美國有什麼，台灣就學什麼？美國有三黨的民主制度，台灣也有三黨的民主制度（可惜美國沒有黨營事業，否則貪污賄賂將更精采），美國有 "Medicare Health Insurance"，台灣就必須有「全民健保」，美國有 "Social Security"，台灣就有「老人年金」，美國有四兆的鉅額國債，台灣不久也將步其後塵，美國有萬聖節的同性大遊行，台灣也有摩登市長答應參加的王子與王子的婚禮，美國有愈來愈多的單親家庭，台灣更有小留學生的單人家庭。美國的共和黨利用「基督徒聯盟」，「步槍協會」攻擊民主黨，民主黨就利用「全國工會總盟」，有色人種聯盟反擊共和黨。同樣的，台灣的政黨利用「計程車司機工會」及黑道互相攻殺。

　　總之，台灣愈來愈像美國，有樣學樣，並以此自豪。相信總有一天，台灣也將會有像洛杉磯，聖彼得保似的種族大暴動，俄克拉荷馬城白人民兵策動的大爆炸，長島通勤火車上黑人槍手的恣意大屠殺等的更壯大更恐怖的場面發生。大衛・柯特萊的結論，他認為，只有具備以下三個條件：一，社會上保持男性女性均衡人數。二，文化上避免宣揚以武力解決爭端。三，維護健全的家庭制度，社會才有秩序，人民才能安居樂業。我相信這也是台灣所應當追求及具備的基本條件。

B11 香港九七後能平穩過渡嗎？

　　香港這一由大英帝國統治了一百多年的殖民地，即將移交給有中國特色的社會主義祖國。現在全世界的人都用好奇的眼光，看這一幕好戲怎樣的演下去。戲目姑且名之曰「平穩過渡」。因為大家的想法不同，對香港能否平穩過渡就有了不同的結論。先從香港末代總督彭定康（Cov. Chris Patten）說起，他認為香港將來的發展，必須揚棄英國的傳統，採用美國式公民普選的民主，否則香港經濟將受到破壞，社會不會安寧。他說中國政府取消了由他一手促成的立法局，又復原了一些英國的法律，否認他要求增加的人權條例，加上中國的政治制度專門培養貪污的官僚階級，沒有法律觀念，因此香港賴以生存的經濟成果將受到破壞，不可能平穩過渡。

　　彭定康不愧是英國極為出色的推銷員（曾經是英國保守黨主席）。不但在香港有一群和他持同樣理念的香港政

客，同時經過他從大西洋到太平洋不停的奔跑，說服了美國、歐洲、澳洲等地區和國家和他站在同一條戰線上。

站在另外一邊的中國，則認為香港的經濟成就是在保守的英國政治制度嚴密控制下，自由經濟自然的發揮，再加上中國人的聰明才智刻苦耐勞建造完成的。如果採用美國式的民主，將造成政治及經濟上的混亂。香港只有保持原來的結構，經濟才能繼續繁榮成長，才能平穩的過渡。持同樣態度並贊成這觀點的，有香港、英國、美國保守主義的工商及學術界的人士。因此能否平穩過渡的焦點，變成一場要英國式的民主，或是要美國式的民主的爭論。

英式民主與美式民主有何區別？

首先，我們來分析英國式的民主與美國式的民主有什麼不同？安東尼‧金（Anthony King）是英國很受尊敬的政治學者，最近他寫了一本名叫《狼奔豬突：為什麼美國的政客只重視競選而不去做治理的工作》的書。他指出，英國和美國的選舉制度，其最大的不同點在於美國的政黨採用的是黨員公開提名競選制。英國政黨採用的是黨內少數幹部私下的徵召。這種由少數菁英推舉的選舉制度，老實講，與人民民主專政的中國又有多大的區別？如果這樣英國式的香港讓中共接收，將令中共如魚得水，管治起來得心應手，這是當初為什麼鄧小平一口答應「五十年不變」的道理。這也是為什麼彭定康在英國的授意下，一定要把英國式的民主，在英國統治最後的兩年內改換成美國式的民主的緣故。這與愛護香港人民，保衛人權根本沒有關係。這也表示香港英國政府從來就沒有愛護過香港人民，也沒

有爲人權做過事。

英國改變香港政治制度的目的

彭定康這樣做的目的，分析起來有五點：

第一，香港的英國傳統，一百多年來保護了英國的利益。1997 年 7 月以後的香港是中國的，不應該再享受這種制度的利益。

第二，在改變香港政治制度運作上，英國把美國拖下水，一同分享成果；至少在將來與中共打交道時，多一個有力的幫手。果不其然，美國的國會在共和黨最頑固最反共的議員控制下，依照美國的標準，通過了香港關係法，並將這訂爲未來香港政府必須履行遵守的原則，否則讓你看看美國的顏色。

第三，美國式的民主若能實行，英國有絕對的把握，因爲香港的居民百分之八十是逃離中國的大陸人士。若實行美國式的選舉，英國人一定勝利。

第四，經過英國主持的美國式的民主選舉，香港的統治階級自然有利於英國九七後的控制。當然，美國也將坐收漁人之利。

第五，美國式的民主，是任何中國知識份子都認同的時髦名詞。因此，香港實行美國式的民主，最終也將促成全中國的民主化。此爲香港民主黨公開的目標。到那時，中國就會像現在的俄國一樣，從根本上解決了歐美國家最擔心的中國威脅論的問題。

香港經濟成果如何延續

香港之所以成爲今日世界舞台上，極爲耀眼的明星，

主要靠的是香港的經濟成就，這也就是世人所樂道的香港奇蹟。如果香港沒有今日的經濟成就，相信也不會引起全世界的重視。

　　現在讓我們來看看香港的經濟成果是如何形成的。1997 年 2 月 12 日（星期三），執美國經濟報導牛耳的《華爾街日報》登載了一篇當今美國保守派經濟學大師「諾貝爾經濟獎」得主彌爾頓·佛利門教授（Milton Friedman）有關香港的專門訪問記錄。這是一篇非常重要、非常精采、毫不造作的討論最基本的政治經濟問題的記錄。此文標題就是：「彌爾頓·佛利門討論香港的未來」。採訪記者單刀直入地問，自由市場經濟的存在是否要有政治的因素，是不是要有政治上的自由？佛利門回答說：「當然不必，因為香港從來就沒有過政治上的自由，然而卻有世上最自由的市場經濟」。他為自由市場所下的定義是：一、自由的定出你所想買或者賣的價錢；二、自由的買賣產物；三、言論上的自由。香港具有這三種自由，然而香港在政治上的自由是零分。香港人從來沒有權利選擇統治者。因此香港在沒有政治自由的環境裡，卻有自由的市場是一個真正奇蹟。

　　這清楚的說明：不管有沒有政治上的民主自由，都不能阻止香港的經濟發展。1996 年 6 月 27 日，《華爾街日報》引用佛利門的話說：香港是完全沒有約束的資本主義的模範。香港之所以有此成就，是因為香港有極小而不管事的政府。香港的公務員之所以清廉，是因為他們沒有權力、也不值得用錢賄賂。香港的法律公平而簡單，稅收也輕微，最高的個人所得稅只有百分之十五，企業稅也僅百分之十

六點五，並且三分之二的工人根本不必交稅。政府每年稅收都有盈餘。因此，香港是世界上資本家最樂意投資的地方。

　　從他的分析中，香港的經濟繁榮證明一個事實，自由市場與政治自由並不需要兩者兼具，因此引出了一個更嚴肅的課題，美國的民主制度是否合適於香港的經濟發展？4月10日，《華爾街日報》登載了一篇名曰〈哈佛大學見識了一位真正的買辦〉的文章。培養當今世界頂尖經濟人材的哈佛大學經濟學院，邀請了一位從香港來的企業家菲利浦·脫司為六百位經濟學院的聽眾講解他的政治哲學。在演講後回答問題時，有人問脫司先生「何以印度的經濟成長率不如中國？」他說一個字就夠了，民主是也。印度有民主，所以經濟發展落後中國。他更進一步的說，美國自六〇年代民權運動推廣後，施行普遍的公民投票，在有爭議性的經濟政策上，那些沒有資產的大多數人，往往霸佔了講壇，防止政治家採用正確而強硬的政策。香港未來的發展，已經引起了全世界的關注。這種關注由經濟發展牽動了對政治制度更深入的探討。那些不加思考，隨便引用時髦名詞的人，那些喜歡任意給人戴帽子的香港政客們，應該冷靜下來，想想看，是政黨的利益、是個人的權勢、是到外國出風頭更重要呢？還是香港幾百萬人賴以生存的經濟環境更重要？

結　論

　　香港能平穩過渡嗎？我相信有良知的中國人都希望一定能。想想看，中國人在英國殖民地沒有任何政治自由統

治下，尚且能出人頭地，在各行各業都有超過英國人的成就。將來在香港企業家帶領下，以中國人的聰明才智和刻苦耐勞的精神，香港的過渡雖然會問題叢生，仍然可以克服。我相信香港的菁英人物，不論是左派、右派和中間派，在共同的利益考量之下，總有解決的辦法。中國人雖然是最好吃的民族，也不至於會把生金蛋的母雞殺掉煮來吃吧？

B12 電子經濟與台灣的經濟發展

達理‧大衛遜和李斯摩爵士（James Dale Davidson, Lord William Rees-Mogg）合著了一本名爲《個人的主權》（*The Sovereign Individual*）的書。大衛遜是美國「全國的納稅人聯盟」的主席（Chairman of National Taxpayers Union），李斯摩爵士是前《倫敦時報》編輯（Former Editor of the *London Times*）及「大英廣播公司」副主席（Vice Chairman of the British Broadcasting Corp.）。這本書的論點主要在預測個人主義經過電腦的廣爲應用，終將由國家及社會的各種嚴密的法規控制中解放出來。因此，財富將像流水一樣，那裡有漏洞就往那裡流出去。他們認爲高收入的財富製造者，那些工商企業的領導者，及各行各業的菁英，不會爲了社會的責任把賺來的財富，讓國家的政客去供養只會享受不知生產的消費者。（transfer wealth from productive citizens to unworthy tax consumers）而電腦的推廣，使得這些財富的製造者能更自由自在的在廣大的電子空間（Cyberspace）打破國家的政治界限，以電子現金

（Cybercash）打破各種幣制的阻隔，建立個人主義的電子經濟體系（Cybereconomy）。任何國家任何制度都不能有效的控制及阻擋這個潮流的發展。想想看，如果一個資本家住在甲國，由乙國出資合營，在丙國製造產品，產品卻在丁國賣出，而賺的錢儲蓄在戊國，資本家的國籍卻是己國。這樣的經營方式將是電腦時代不可避免的結局，也將把個人主義從國家社會的各種法律各種制度的束縛中解放出來，只要那裡有最佳的發財機會，財富就自然的向那裡流。

去年，1996 年，李登輝在競選總統連任時，曾經說過，只看見台灣的商人把錢往大陸投資，他更大聲的問，有誰看見台商把錢匯回台灣？因此為了保衛台灣的經濟環境，他下令必須把台商向大陸的投資，從嚴設限，並且「戒急用忍」。其實，他只說對了一半，而關鍵性的另一半不是他不懂，就是他有意的誤導台灣的大眾。台商沒有把錢匯回台灣，並不表示台商沒有把錢匯到別的地方，譬如美國、香港、新加坡、馬來西亞、印尼、菲律賓……等等等等。如果台灣經濟環境不理想，不能與其他的地區競爭，或者台灣的稅率太高，法規太嚴，那麼有什麼理由要把賺的錢匯回台灣？事實非常的明顯，如果台商在大陸不賺錢，自然就不會有人笨得繼續不斷地把錢往裡面送。大陸能一年比一年的吸引更多的外資不斷的投入，最基本的道理就是有機會讓商人賺錢，與愛不愛國，與建設社會主義，或促進大陸內的民主自由等等等等高深莫測的理論很難牽上關係。此地所謂的機會，就是提供比台灣更優惠的稅率，比

台灣更靈活的資金出入（其中當然包括非法的途徑），比台灣更寬鬆的規範，當然也包括比台灣更合理的勞工，更價廉物美的地價，更豐富更充足的資源，更廣大的市場等等等等。台灣如果不能在這些方面與大陸競爭，只以不知所云的「社會責任」作為投資的規範，是自欺欺人完全不合最基本的經濟原理的政策。非常諷刺的事實，王永慶卻是比較有社會責任的商人，所以他直言不諱的指出「皇帝沒穿衣服」，而在皇帝四周的人，還在繼續不斷的為不穿衣服的皇帝遮羞。聽聽這些人的言論，不能不更同情這些為了當官，不得不厚著臉皮，睜著眼睛說假話的人，更不忍看到那些為五斗米一再彎腰屈膝的可憐人，更讓人懷疑台灣究竟有多少能真正擔負得起責任、敢說敢做的人。

B13 自由放任與管理控制

自由放任與管理控制是自有人類以來，必須面對的兩個極難界定，又互相矛盾的生活態度。小的方面，從個人的立身處世到家庭對子女的教育方法，家庭收入支出的方針；大的方面，關係整個國家經濟制度的建立，政府政策的擬定，都脫不了如何在這矛盾中求取平衡的手段。

其實，宗教的產生，就是因為人類對一些不能控制的自然現象，對一些自己不能解釋、不能解決的管理問題，推給至高無上的神去應付。因此，神的作為也成為一切管理控制的最後的權威。世界上的安定與秩序，永遠的真理，永恆的存在，都最終建立在神的國度裡。換句話說，神就是管理控制宇宙一切的最後的根據。

　　自從科學從宗教中解放出來後，人類逐漸的瞭解自然的現象，進而懂得如何利用自然的力量及原則來造福人群，神在人類的生活中，也漸漸失去維持管理控制世界的權力。

　　《紐約時報》在去年 12 月 12 日的社論中，總結過去的千禧年及展望未來世紀的評論中，曾明確的指出，「過去的五百年，科學成爲統治一切智慧的力量，它取代了宗教及哲學來解釋自然界的一切，科學也改變了人類對自己在宇宙中地位的看法。同時促成源源不斷科技上的令人驚嘆的成就，當然也包括潛在的毀滅的命運。」

　　從這個結論中，我們看到神在人類發展中的地位，已經宣告破產，也就是說，所有以前依賴神所建立起來的秩序、不變的真理、永恆的價值，都被推翻打倒。科學的進步將把人類由「靜態的神的國度」，帶入一個完全不能預測，也不可能管理控制的「動態的世界」。在《紐約時報》這篇社論中，有一段警語：「現在最主要的一些問題，就是科學是否能繼續不斷的向前發展，或者失去了向前的衝動，另一方面就是科學的產品是爲人類謀福或者製造罪惡。」

　　人類失去了以神爲最後管理控制的權威，自由放任在科學的不斷的進展中，將成爲一股不可抗拒的潮流。首先，在經濟發展上，自由放任完成了理論上的建立。海葉克（Friedrich A. von Hayek）這位維也納的自由主義大師，在他完成了《通向奴隸的道路》（*The Road to Serfdom*）這本自由主義經典之作後，1947 年的 4 月，在瑞士的蒙特皮勒

林（Mont Pelerin）組織了一個國際性的學術團體，研究討論自 1930 年以來，世界各國政府權力不斷的膨脹，終於威脅到個人的自由意志。這個團體在那年的 4 月 7 日，發表了「蒙特皮勒林學社宣言」，其中一段是：「爲了滿足每個人最大的生產成就，自由是最基本的要素，離開個人自由的原則，生產不但會減少，也會產生錯誤的產品。我們不可能同意以奴隸的身份使自己富有。」

隨著美國近年經濟快速的進展，無形中鼓舞加強了一些更激進的自由放任的理論。1997 年 9 月 25 日，洛杉磯地區的《理性雜誌》編輯維琴尼亞・波絲特爾（Virginia Postrel）女士和美國企業研究所的哲姆士革拉斯曼（James Glassman）合寫了一篇〈偉大的國家與鬱鬱寡歡的保守主義〉。這篇文章以美國企業在自由開放的精神中，以不斷的創新，改革競爭，造成美國空前的經濟繁榮，對比美國保守主義的頑固，崇奉固定不移、不切實際的理論，及不肯面對現實的觀點，作出無情的鞭撻。她說：「依保守主義的觀點，美國現在這種生機蓬勃，創造性豐富的市場，將造成大恐慌，對保守主義來講，去保存自由的原則，並不能滿足他們要爲這活潑喧囂的生產現象加以管束指導的理想。自由讓他們非常不安，因爲自由留下的是一個動態的未可預測的將來，與他們所嚮往的以政治來控制靜態的社會完全不同。當然，並不是每一個新的想法、實踐、生產都有好的結果。但是嘗試與錯誤是競爭及改進必經之途，也是美國生命不可分割的一部分，不論在科學上，在技術上，在企業或文化上，我們不能預測那一些的嘗試將會成

功。然而，對一些獻身計劃管理的政治家而言，這是一件非常可怕的想法。正如海葉克 1960 年所說：「保守主義者企圖以政府的力量去阻止改進，或者盡量的減少改革，以適應膽小的人。向前面看，這些人根本缺乏對自由能夠接受改變、並產生自動適應力量的理念。」

1998 年，維琴尼亞‧波絲特爾把她的想法更具體的在她的著作《未來與未來的仇敵》（*The Future and Its Enemies*）這本書中暢快地加以述說，她認為如果美國不以正確的態度去迎接未來，美國將失去從它那裡得到的利益，或者為未來衝倒。她說，災難將等待著我們，因為美國有越來越多的人恐懼改變的現象。因此，她宣告要為那些主張社會必需跟隨科技的發展改變的人群一同努力，揚棄靜態不動的保守主義。對她而言，那些痛恨「改變」，思想頑固的人，不論是宗教裡的基本教義信徒，或者是那些贊同「改變」，但是卻想利用政府的力量加以理性控制的技術官僚（Technocrat），都是「反動派」（Reactionaries）。她從歷史上舉證，科技的進步方向，對那些企圖預言的人所作的無數次無情的嘲弄。基本上，科技的改變是不受控制也無法預測得到的，它是由繼續不斷嘗試與錯誤過程中得到的果實。這是為什麼個人主動是這麼的重要。鼓勵個人去自由的從事試煉，排除那些束縛的真理、法則、規章，一個充滿生機活潑的文化將會更充實我們的生活，產生更多會結果實的理想。

自由放任既然如此不可抗拒，相形之下，管理與控制似乎逐漸的萎縮，成為進步改變的絆腳石。最明顯的例子，

莫如代表中央集權嚴格控制管理一切的蘇聯共產主義，最終在與自由貿易市場經濟的對抗中宣告解體。

　　然而，就在這些驚人的大改變及言之成理、論之有物的辯論所形成的煙霧裡，讓我們看看美國目前所處的，又是怎樣的現實世界？所謂自由放任就是政府少管事，這種主張的偶像人物就是雷根總統，他在就任總統就職時所宣稱的：「政府不能解決問題，因為政府本身就是問題」。因此，自由放任在美國的政治環境裡，等於儘量減少政府的管理及控制。這就與美國這個號稱自由放任的國家，同時也是產生反對管理控制言論最激烈的地方，像這樣放任自由的政府不能解決問題，其不自相矛盾？這種現狀只能有一個合理的解釋，那就是美國之所以有今日的成就及經濟上輝煌的成長，是經過各級政府在自由放任及管理控制矛盾中，不斷修正求取平衡中得到的結果。今年 2 月 24 日《華爾街日報》發表了一篇洛耀拉學院經濟學教授迪洛倫佐（DiLorenzo）〈我們的政府是不合憲法的政府〉。他說：「美國現代政府的機能，是由最近法律上的獨裁專制及統治者不尊重憲法上的自由原則所組成。如果按照憲法上的條文規定，則現在大部份的經濟管制法規都是違反憲法條文的產物，因為憲法條文禁止剝奪人民的自由」。迪洛倫佐估計，美國政府所作所為有百分之九十是違背憲法的契約原意。

　　因此，技術及科學的進步，一方面促進自由放任，證明美國的前程是不可預測、不可控制的發展，從另一個角度看，科技的發達也促成政府在管理控制方面，更容易進

行治理的手段。馬丁‧貝利（Martin N.Baily）是美國總統
「經濟事務委員會」的主席，今年 2 月 25 日，他在《華爾
街日報》上發表了一篇〈九〇年代的繁榮爲什麼不同於八
〇年代的繁榮〉。他把美國之所以能經歷歷史上最長期的經
濟繁榮，並舉出九〇年代的繁榮之所以不同於八〇年代雷
根主政時的繁榮，其中最重要的兩點：第一點，柯林頓政
府瞭解資訊科技的重要，並以政府的政策來輔助資訊企業
的開發，同時以靈活善變的金融管理，作爲政府施行財政
的指標。第二點，嚴格控制政府的支出，雖然，稅收每年
不斷的遞增，然而，支出保持在自 1960 年代以來與全國生
產總值比率最低的限度內，這與雷根八〇年代自由放任的
支出，造成 1987 年的股票大崩潰及三兆美元巨大國債，實
有天淵之別。其實，自由放任與管理控制並非互相衝突，
完全不能相容並存的觀念。美國有全球股票市場管理最完
備，控制最嚴屬的「股票交易委員會」（SEC），然而，美
國也有最活躍、最自由的股票市場。美國抽煙是個人的自
由選擇，然而，美國卻有全球最嚴苛的禁煙條例。

　　從以上的議論，我們不難得到一個結論，那就是科學
促進美國的自由放任，然而，隨著科技的演進，美國追求
的將是更精密、更合理、更靈活善變的管理及控制制度。

　　後記：2008 年末至 2009 年初的美國金融海嘯，其成
因正是因爲美國金融監管機構對次級房貸及 CDS 等金融
衍生新產品沒有足夠的控制管理，而任其自由發展，終於
引動全世界的金融崩潰，足以證明，沒有自由的計劃經濟
社會主義固不足取，而沒有限制的自由市場資本主義，也

會爆發大災難。而新任的美國總統歐巴馬（Obama）的經濟團隊所追求的正是本文九年前的結論：「美國追求的將是更精密、更合理、更靈活善變的管理及控制制度。」

B14 下流的貪污與高尚的舞弊

　　每年歐洲及美國的企業家都會評比世界各國在貪污上的等級。按照這些歐美企業家有色的眼光，東南亞、非洲、南美洲那些民主落後，法治沒有建立的國家，自然成為等而下之，最不入流的貪污國家。今年 1 月 21 日的《世界日報》台灣新聞版中，就有一篇〈全球企業行賄度，台灣倒數第三〉的文章。在歐美企業家的眼中，這些國家的公務員已經成為無官不貪的程度，因為這是最原始形態，凡夫俗子皆有資格進行的遊戲，也是歐美新聞媒體最瞧不起的下流貨色。

　　那麼，什麼是高尚的舞弊呢？高尚的舞弊必須懂得政治經濟的原則，並能不動聲色的進行五鬼搬運術，最好是由歐美名牌大學，像哈佛的經濟博士，或者康乃爾的農業經濟博士之類高級知識份子來操作。三年前，墨西哥總統大選，美國公共電視十三台，請了一位墨西哥脫口秀的主持人開講，他說：過去三任的墨西哥總統有兩個共同的特點，第一，他們都是哈佛的畢業生，第二，他們都是最會弄錢的總統。咱們中國有幸很早以前就有一位會弄錢的哈佛畢業的行政院長。1997 年 5 月 27 日，《華爾街日報》在國際經濟版上發表了一篇莫斯科特派員利斯曼的文章，報導哈佛大學派到俄國，指導俄國由專制政權過渡到民主資

本主義的高級顧問，教導俄國的竟然是如何有效的舞弊貪污，這就是今日俄國高層貪污弄權舞弊的開山始祖。

高尚的貪污源自歐美的政治文化傳統，約翰・戈登（John Steele Gordon）寫的一本書名曰《偉大的戲法》（ *The Great Game* ），其中描寫美國內戰後形成的「貴族強盜」（robber barons）階級，那些有錢的大財主，如范德畢（Vanderbit）之流，公開用錢來收買法官及國會議員的事例。二十世紀初，共和黨的政治領袖馬克・漢南（Mark Hanna）說過一句最有名的話，他說：「在政治上最重要的事只有兩件，第一件是錢，但是第二件我已忘了是什麼」。這種傳統政治文化並不因歐美的民主化的進步而消失，反而更發揚光大，我們曾親眼目睹歐洲為過去的千禧年，西方文化對世界的輝煌貢獻而狂歡的場面，曾幾何時，1 月 15 日《倫敦時報》（ *The Times* ）的社論竟然是「腐爛的歐洲心臟」（ "Europe's Rotten Heart" ），把二十世紀末支配歐洲政壇二十年的法國總統米特蘭（Mitterrand）及德國總理寇爾（Kohl）貪污枉法弄權的事例，描寫得極為生動逼真，說到歐洲政治文化之虛偽腐敗傷心處，真是聲淚俱下，令人深表同情，不勝惋惜。

其實，貪污是資本主義、民主政治在市場經濟的運作中，不可避免的產物。美國式的民主政治和貪污舞弊是兩位一體，是一個銅錢的正反兩面。一般人對美式的民主有一個錯誤的認識，而這也是一種非常天真，自以為是的想法，以為只要政治民主化，法治建全，貪污就可以一勞永逸的消滅掉，沒有比這更幼稚，沒有比這更不合邏輯，完

全沒有事實依據的理論了。因為事實證明，貪污的演變與這理論剛好相反，越是民主法治的國家，貪污的技術越高明，貪污的方法也越進步，所造成的影響也越長遠，所形成的禍害也更巨大。芝加哥大學美國經濟保守主義理論大師，1992 年「諾貝爾經濟獎」得主，貝克教授（Gary S. Becker）在他著的《活的經濟學》（*The Economics of Life*）中，明白的指出，美國政府由於權力的膨脹，已經成為全球最偉大的貪污政權（Most Corrupt Regimes）。

B15 經濟環境的改變與美國民主的變質

克文‧菲利浦（Kevin Phillips）是美國當代政治論壇極不平凡、極出色、極傳奇性的人物。三十多年來，他在美國政治演變上具有反對潮流，挑戰權威評論的聲望。他的著作不但預言了美國政治上的變化，同時也指導誘發轉變了整個美國的政治方向。

1960 年代，在全國正處於反越戰、反傳統、爭女權，爭少數民族權利的大潮流時，年輕的克文‧菲利浦把他的思想植根在共和黨的傳統裡，1968 年是他推動了共和黨的復興，把尼克森（Richard Nixon 第三十七任美國總統，1969-1974）拉上總統的寶座，在那次的總統競選活動中，他完成了最初的成名之作《共和黨多數的出現》（*The Emerging Republican Majority*）。在這本書中，他分析民主黨內極左派的各種活動，把大多數傳統的南方及中西部的民主黨人士推入共和黨的懷抱，從此他成為共和黨最主要的政治理論家，由於他的創意及預言，正確的宣告雷根時

代（Reagan Era）保守派的來臨，及共和黨各項施政的大
方向。從此以後，他也成為共和黨內最具權威的主要政論
家的地位，也是這廿多年來被學術界公認的事實。但是，
沒有讓人意料到的是，在共和黨政治理論上占有崇高地位
的克文・菲利浦，在三十多年後，2002 年的 5 月，又掀起
了一次反潮流、反權威的巨著。在全國為九一一事件愛國
情緒所激動、小布希總統聲望達到前所未有的高峰時，他
的《財富與民主：美國富豪的政治歷史》（*Wealth and
Democracy: A Political History of the American Rich*）一經
發行，馬上引起共和黨衛道人士的圍攻，保守派的人士更
以他為共和黨的叛徒相對待。

　　是什麼原因促使克文・菲利浦改變了自己的政治理
想？為什麼他揚棄共和黨的政策？我們從目前他所發表的
一系列著作上看，不難得到一個極具前瞻性的觀點。那就
是自 1980 年雷根時代起，直到 2002 年小布希的年代為止，
共和黨的經濟政策，改變了美國的經濟環境，同時也使美
國的民主政治整個的改變了體質。我們可以從他轉變初期
的《富人與貧窮人的政治》（*The Politics of Rich and Poor*）
看出他思想變遷的端倪。在這篇文章中，他直言在雷根時
代末期的經濟政策，產生了美國歷史上社會中貧富之間最
大的差距，及其衍生在政治上所引發的經濟上的公平性及
合理性。他認為貧富之間的不合理的巨大差別，將是民主
政治致命的腫瘤，並質疑美國稅率對富人的優待，對企業
領袖付與之特權的合法性。他的論調雖然引起保守派的忿
怒，但是九○年代正是美國股票族瘋狂追求個人財富的黃

金歲月，很少人注意他所發出的嚴厲的警告，及其對雷根經濟政策為美國帶來的巨大社會災難及政治上的破壞的分析。

現在讓我們來看看美國在這二十多年來貧富之間越來越大的距離是如何形成的。康尼其‧奧瑪（Kenichi Ohmae）是 1980 年代末最出名的經濟評論家，也是當時所謂美國「新經濟」（New Economy）的代言人，在他所著的代表作《隱形的大陸》（*The Invisible Continent*）中，他認為雷根時代的來臨是共和黨為美國「新經濟」的誕生做好準備，建立基礎。共和黨在這基礎上為美國創造了一個充滿繁榮光輝的前程，雷根的「勞工與貿易政策」就彷彿是特別為美國所訂造的新經濟的架構，他為「新經濟」解除了三個主要企業上的政府管制（deregulated the three key "New economy" industries）－解除金融管制（finance），解除交通管制（transportation），解除電訊管制（telecommunications）。為此「新經濟」在這三個解除了管制的企業上，發揮競爭的潛能，為美國的經濟創造了一個歷史上的奇蹟，把全世界的股票市場推上高峰。但是，僅僅兩年之後，1987 年的 10 月 19 日，康尼其‧奧瑪創造的美國「新經濟」的神話，便被破滅了的華爾街股票市場，無情的打得粉身碎骨，也正是雷根時代解除管制的三大企業：金融、交通、電訊，製造了美國自 1929 年經濟大崩潰以來最嚴重、範圍最廣大的經濟禍亂。許許多多的中產家庭一夕之間成為負債累累的赤貧階級，一些傑出的大公司，因為與會計公司聯合作虛假的帳目，不得不宣布破產，失業的陰影籠罩在一些大

大小小掙扎求存的企業中，生活在貧窮線以下的家庭不斷
的增加。其實這種經濟環境的改變，比之於政治上的變質
尚屬次要。克文·菲利浦在他著的一系列的著作中，[5]一而
再的提醒美國人，美國近代的民主政治是建立在一個強大
的以公平正直為道德標準的中產階級上。自雷根時代起，
美國貧富之間的洪溝愈來愈深，1981 年代企業總裁的年收
入是五百七十萬元，到 1988 年代，企業總裁的年收入高達
四千萬元，到 2000 年花旗集團總裁的年收入竟然一飛沖天
達到二億九千萬元的天文數字，而國會更為一些特定的利
益團體，像農業、石油、煤氣等企業，設立特優的稅率，
被趕出財富之門的是那些占絕大多數的貧苦大眾，他們甚
至連加拿大、歐洲各國貧戶尚能拿到救濟金的情況更不
如、更悲慘。這種財富之間的不平衡在西方文明的國度，
除美國外，根本就不存在，只有那些假借民主之名，卻以
專制獨裁貪污腐敗來統治的國家，像過去的印尼、菲律賓
等國家才能找到。美國這種讓極少數的企業上層主管轉業
成政治上的統治官僚，對美國的民主制度不僅只加深利益
的衝突，對美國人的公平合理的觀念更是一種嚴重的侵
犯。對美國人的傳統民主政治也是極危險的行為。克文·
菲利浦甚至列舉所有歷史上一度曾經輝煌富強的政權，都
是被統治階級的貪污官僚的聚斂財富，社會上的不公平待
遇所腐蝕打倒，而美國的將來也不會例外。

　　綜觀目前世界局勢，因宗教的各自趨向極端的基本教

---

5 *Wealth and Democracy: A Political History of American Rich,* May, 2002.
　The Wealth Effect, May 12, 2002. Sunday *Los Angeles Times* Commentary and Analysis.
　Hard Times, July 28,2002 .Sunday *Los Angeles Times* Commentary and Analysis.

義，引起道德、文化、種族間的糾紛仇恨、流血衝突、瘋狂的屠殺事件在各處進行，全球自然環境因人口的急速膨脹，造成毀滅性的破壞。從發達的國家到赤貧的未開發的國度，都各自陷入自己不能解決的經濟危機裡。在這種普世混亂失望悲觀的背景裡，克文·菲利浦的著作，特別的具有時代的意義。從他的反省裡，我們才能看清楚美國這個變了質的民主制度，對世界的未來所製造的毀滅性達到可怕的程度。由於經濟上、軍事上、政治上的過度膨脹，少數具有企業背景的政黨人物，以企業的利益作為國家經濟發展的標準。在美國國家利益為前題的爭議裡，世界的和平發展，整個人類的前途，都被漠視。美國這個世界上唯一的超級強國，舉世經濟發展的支柱，這個由超級富豪操縱，變了質的民主制度，由於政治人物對宗教的偏見，軍事上唯我獨尊的心態，國際企業上的巧取獨占，傳統上的個人自由，政治上的是非言論，種族上的歧視及互相懷疑，都被愛國情操壓制下去，不但破壞了美國傳統的民主作風，更嚴重的是威脅了全世界的安定與和平，將把人類的前途帶入一個空前黑暗混亂，甚至文明毀滅的命運。

第三部　旅遊隨筆

C1 瓜地馬拉探古

家中訂的《國家地理雜誌》1986 年 4 月的一期，曾報導瓜地馬拉藍河流域古代馬雅文化的文章，圖文並茂，給我很深的印象，可真沒有想到居然有一天會親臨其境。

從紐約直飛瓜地馬拉只需四小時半，但是特價票必須在邁亞米（MIAMI）轉機，前後用去七小時。到瓜地馬拉城，一出機場就有一股似曾相識的暖暖和風拂面，由機場到旅館的途中，棕梠樹列在路邊，綠樹掩映下都是高牆圍著的深宅大院，我和粟子不約而同的說，多像台灣哦！二月的瓜地馬拉城有台灣南部秋季的明亮涼爽，卻沒有台灣的濕熱。處處開滿了形形色色的花朵，空氣中充滿了花香，最艷麗的是吊在牆外的九重葛。

旅行社為我們安排的節目，第一天是去憑吊火山谷中的古城安提訶（AUTIGUA）。該處曾經是十六世紀到十八世紀時，西班牙統治中美洲的重鎮。一度是西班牙在美洲三大城之一（利馬、墨西哥城及安提訶）。人口曾達到六萬，有三十二間教堂，一所大學。1773 年接連著的大地震全城盡毀，統治階級就遷都到東面三十里外的現在瓜地馬拉城。

旅行社的導遊一大早就來接我們，一部 VW 的旅行車連

導遊兼司機一共六人。我們夫婦外，一位是英國來的老太太，一對比利時來的夫婦。我們大家很快就很熟悉，有說有笑。去安提訶必須翻過一座的高山，將近安提訶時，車從山頂八千多尺高直向下降，兩千多尺的降落，在不到幾分鐘內完成。低排擋引擎的怒吼，加上剎車的尖銳聲交織著，非常驚險。

到了安提訶四面一望，全都是高聳的山嶺，加上幾座巨大陰沈沈的火山。不禁心中要問，為什麼西班牙人要選擇這樣的一處狹小地方來做統治中美洲的都城？十七、十八世紀是西班牙的時代，他們憑藉當時歐洲最先進的航海技術，最犀利的殺人武器，徹底毀滅了秘魯的印卡（INCA）文化，把美洲作殖民地，以當地的印地安人作奴隸，建立了西班牙帝國的霸業。

1773 年，安提訶毀滅於地震後，躺在谷底兩百多年，直到最近，由於旅遊業的發展，才逐漸恢復過來，但是古代西班牙貴族用巨石構築的破落庭院，及古老的教堂廢墟仍然散落各處。兩百多年的強取豪奪，血腥鎮壓，到頭來所留下的只有這些荒煙蔓草中的斷垣殘壁供後人憑吊。兩百多年西班牙的霸業，除了歷史的紀載，又留給後代人類些什麼值得的遺產呢？最近看到報章雜誌上，討論自二次世界大戰後美國辛苦建立的霸業，也正在逐漸崩潰中。然而，美國霸業所遺留下給人類的，將是很豐富的遺產；政治上的民主化、自由貿易經濟、人道主義、科學精神，我甚至相信，像電氣化的現代家庭生活方式，都將一代代的傳下去。

　　第二天我們參觀齊齊卡斯庭那哥（CHICHICASTEUAUGO）的印地安人市集。當地原有印地安人築的聖壇，西班牙人征服印地安人後，把聖壇毀壞，命令印地安人在原址建築一座天主教的教堂。印地安人沒法反抗，但是卻把教堂建築在一座石頭堆成的高台上，在他們的心裡，這石頭的高台就代表了原來的聖壇。去教堂做禮拜就等於在聖壇上做獻祭，因此教堂中香火鼎盛。到西班牙統治階級發覺時，已經來不及再改變已成的事實。這個市集就圍繞著這座集兩種信仰於一爐的教堂而成。

　　每逢星期四及星期天，四面八方的人都來趕集。很像四川人的趕場，也像台北的圓環，攤位林立，賣的多是些土貨土產。印地安人都矮小得出奇，太座粟子只有四尺十一寸高，雖然在中國太太們中是很標準的身裁，但是比起美國的同事就差了一大截。但是到了瓜地馬拉，她居然鶴立雞群，在人來人往的市集中，我可以很快的就找到她。

　　這天，我們旅行團中多了一對父子，都叫亨利，老亨利一個頂著大肚腩、多嘴的典型美國人。英國老太太在背後說他是一個醜陋的美國人。我們很快就知道他是退休的藥劑師，他說十年前，他就曾經來瓜地馬拉考古，那一次的旅行團有一百多位美國人，幾天下來個個人都瀉肚生病。他當面指責導遊及接待人員說飲水不潔，沙拉裡的生菜也不能吃，因為是用人糞作肥料？並且要我們傳閱他帶來的瀉肚特效藥，他的喋喋不休，令大家都想和他保持一段距離。有一次粟子吃不消他的嚕囌，就頂了他一句，「十年前你就吃了苦頭，用不著再來一次。」旅行團中有這種

人物固然添了不少笑料，有時也令人掃興。

齊齊卡斯庭那哥以出產玉石出名，尤其是一種黑色的玉石，據說只有緬甸及這裡才出產。粟子原想買一串項鍊留作紀念，她想這裡是原產地，可能亂要價，所以沒有買，後來我們在各地看到的同樣項鍊都貴了百分之五十，她就非常後悔沒有買。印地安人獨特的手工紡織品，色彩鮮艷，圖形古拙，也很吸引人。以當地的氣候來說，應該像台灣似的盛產水果蔬菜，但是市場上的水果又乾又小。有一種當地有名的橘子，只有二毛五分錢幣那麼大，裡頭卻盡都是橘核。有一種柑子皮厚且硬，必須用利刀才能切得開，既不雅觀又不上嘴，令人失望。

第三天旅行社導遊瓜地馬拉城，主要是參觀市中心的國家宮及附近的教堂。國家宮其實就是總統府，進去必須經過荷衝鋒槍士兵的檢查，進去後倒可以自由的參觀。這是一座西班牙混雜阿拉伯式的建築，最有意思的是總統接受各國使節呈遞國書所用的大廳，這大廳兩側各有幾扇鑲花玻璃的大窗。左邊一排說的是被殺害的印地安族領袖及族人的生活形態，右面的是殺死印地安領袖的西班牙將軍，及貴族的日常生活寫照。西班牙能征服中南美洲，除了船堅砲利外，另外一個重要因素是印地安人沒有組織，除了秘魯的印卡族以外，都是很小的部落，既沒有統一文字，又沒有統一的語言，這就讓西班牙分而治之了幾百年。

瓜地馬拉市中有不少中國餐館，有的規模不小，裝飾都堂皇富麗，我們前後去過三家這樣的餐館，不知是時令不對，或者是恰逢淡季，偌大的餐廳中食客廖廖可數。其

中一家樓上傳來打麻將的聲音，也許兼營賭業？

　　談到麻將這種中國人的傳統固有文化，有中國人的地方就有麻將。記得很清楚，抗戰時日本兵已經打到貴州的獨山，在重慶有的是大小官員照樣每天八圈到底。紐約的朋友圈子中，有這樣的一位太太，每次旅行回來都要炫耀一番自己的經歷。「這次我去聖地牙哥三天，就打了三天三夜的牌。」對她來講，舊金山最精采的一幕是「一條龍」，西雅圖最令人興奮的是「自摸雙」，洛杉磯最出色的一刻是「一般高」，丹佛令人叫絕的是「青一色」。問她這些地方有什麼好玩的，她一概不知，也沒有興趣。

　　第四天，我們去西面八十五里外著名的阿鐵郎湖（Lake Atitlan）。湖因火山堵住河流出口而形成，有十一里寬十五里長，最深處有三百多尺。湖水清而冷，沒看見人游泳。早晨風平無浪時呈淺藍色，正午作深藍色，傍晚時淺紫色。有三座高矗入雲的大火山立在南面，風景之佳麗，氣勢之雄偉，無與倫比。

　　沿湖有十二個印地安部落，各有各的語言，據說各自為政，很少交往。我們從湖的北面乘小輪船向南面火山下的部落出發，全程花了一個小時，可見湖面之寬廣。初時不懂如此壯美的湖山，何以僅有極少的船隻，到下午我們回程時才知道其中的奧秘，當時麗日當空，僅有微風，那知船一出港逆風航行時，忽然浪濤大作，船行如在大洋中，隨著巨浪上下左右的翻滾，浪花不斷的湧入艙中。同行的印地安老太太們都合上眼睛口中念念有辭，回程用了一小時半才抵達對岸。

　　阿鐵郎湖雖大且深，奇怪的是所產的水產都是小魚小蟹，在湖邊一家餐館午餐時，要了一碗據說是當地出名的海鮮湯，端出來一大碗又腥又濃的湯，裡面泡著一整條連頭帶尾的魚，加上整隻螃蟹，做法及味道都不敢恭維。

　　去瓜地馬拉如果沒去提卡（TIKAL）就好像入寶山而空手返，我們最後的旅遊目地就是這裡。提卡在瓜地馬拉北面洪拉城，去提卡要乘一小時的小飛機，約三百二十里，當天可以來回。從機場到提卡的廢墟，還得乘旅遊局專用的包車，全程一小時。從飛機上看，橫過了中美洲分水嶺的安地斯山脈以後，北面就是一望無際連綿不斷的熱帶叢林平原，提卡廢墟就在叢林中。不論是從空中或者身歷其境都很難想像得到這就是馬雅族經營了一千多年的文化中心。據考古學者的考證，馬雅族在這裡從紀元前三百年到紀元後九百年間經營了一座供五萬人生活，有極豐富文化，多采多姿的都市生活。公元九百多年後，整個馬雅文化忽然在歷史上失去蹤跡，一直到現在仍然是猜不透的謎。一度繁華的都市現在完全湮沒在洪荒叢林中。直到1948 年才被人發現。

　　英國人慕斯萊（Alfred Maudslay）在 1881 年組織了探險隊，帶回了許多照片，提卡的廢墟才引起了學術界的注意,哈佛大學及賓州大學的博物館在這裡從 1956 年到 1969年作了一系列的發掘，像謎似的馬雅文化才被漸漸的揭開。馬雅文化由兩種完全不同類型的人建立起來，一種是身高六尺的統治階級；另外一種是矮小的奴隸階級。到了馬雅文化末期，有跡像顯示統治階級由於近親結婚，生活

腐化，促成統治階級的退化，再不能適應新環境的挑戰，整個文化就在歷史上消滅，失去踪跡。

提卡的遺跡都建築在用石灰石舖成的平台上。最主要及已開拓出來的是作爲祭典用的神廟，分爲很多組，每組包括兩座東西間相對立的金字塔形的高台，及兩側的供殿，這些高台常作獻祭用，據說都是用活人作祭品，開膛破肚，挖出心肝作祭。以現代人的眼光衡量，簡直是野蠻不人道。編號第一組的塔形神廟是唯一已清理出來的建築群，可以做爲代表。高台成金字塔形，和埃及金字塔不同的是在頂端削成一平台，在平台上再築一個載著大石冠的小廟，所有這些高塔都在一百二十尺以上。以第四組的一座最高，約二百一十二尺。金字塔的仰角約六十度，膽小的人望而生畏不敢爬上去。第一組的金字塔因爲有石階及鐵鍊可以幫助攀爬，太座粟子一馬當先，我也只有硬著頭皮跟著上去，還聽到在我下面的美國醫生大聲的阻止他太太不要冒險上來。到頂上的平台向下一望，大家不由得膽戰心驚，兩腳發軟，極目所望盡是無邊無際的洪荒叢林，及天上的朶朶白雲，心中都在懷疑有沒有勇氣爬下去。

中午旅行社準備了午餐，大家就在森林中野餐，聽著樹顛猿猴的啼聲，大家交換旅遊的經驗，真是其樂融融。午後嚮導乘大家興緻正濃時，建議大家再爬第四組的金字塔。這座高塔沒有台階，從下面看不到上面，只見層層的參天古木。醫生太太這次不願放棄機會，先爬了上去，大家魚貫跟著，抓住樹枝樹根，一步步的向上爬。殿尾的是嚮導，有時到了彷彿無法可攀時，他就在下面告訴我們應

該怎麼做。到了頂上才發覺這是最高的一座。嚮導告訴我們這座金字塔是古代全美洲最高的建築，有二百一十二尺高。大家到了這時才知道受騙，都後悔爬了上來，又驚恐又疲倦，醫生向嚮導說，他寧可被當作活祭也不願冒險爬下去了，大家聽了大笑不已。回到瓜地馬拉城時已經萬家燈火，也結束了一天最驚險最值得紀念的遊歷。

回到紐約後，朋友和同事問我們這次旅遊的經驗時，對美國同事我告訴他們，中美洲目前雖然是多事之秋，但是仍然有平靜安全的一面，也有許多美妙的地方值得一遊。對中國朋友我們說，去瓜地馬拉有回台灣的感覺，卻沒有回台灣的苦腦，例如不用坐太久的飛機，不必準備禮物，不必應酬。結論是不虛此行。（1988 年 3 月）

C2 永遠的未明湖 ── 五四精神的台灣分支

每年到了五月四日，我都會想起「科學」、「民主」的五四精神，以及一個在北大校園中，幽雅文靜的小湖。在我的心中，這一無名的小湖，代表著中華民族的新生的發源地，也代表著無數中國知識分子對五四精神的執著和追求。

在台灣成長，在台灣上大學的我，竟然也會受到五四精神的薰陶，也會感受到抗戰時期，中國青年把對這一小湖的懷念之情，化爲對五四精神追求的力量。這都是拜我在三十年前在台灣台中東海大學畢業時主編畢業紀念冊之賜。

那時在國民黨白色恐怖的統治中，東海校園得美國教

會之賜，是僅有的比較思想自由，不受特務干擾的校園。第一屆的同學在曾約農校長儒家傳統氣質的薰陶裡，及吳德耀院長美國式的平等作風，加上張佛泉教授以語意學釐清政治上的用語，徐復觀教授的批評時政中，呼吸到外面比較自由民主的空氣。

在當時，哈佛燕京學社在東海大學的圖書館中，保留了一間專供教職員研究用的藏書室。其中收藏了許多國內 1920 年代、1930 年代的著作。像阿英主編的《新文學大系》、《魯迅全集》，各類期刊等。1958 年的夏天，我為了搜集畢業論文《翻譯文學對中國現代文學的影響》，得到學校的特許，進入這間禁室，這也是我第一次有機會讀到以北京大學為起源的五四運動在學術上的探討。如白話與文言的論戰，全盤西化與保守派的爭論，胡適、陳獨秀在新青年裡的文字革命主張等。

沒有想到的是，就在這安寧平靜的小室裡，卻深藏了中國幾千年的文化在那一段時期孕育了驚天動地改變的事蹟，影響了以後整個中國歷史的演變。五○年代的台灣當然是承繼了那種改變所結出的果子。然而，當時年輕的一代，卻被禁止接觸或討論那一段最驚心動魄，為中國文化起死回生的改造過程。同時讓我看到了新文化的產生的艱難困苦，及多采多姿的面貌。

在一個偶然的機會裡，也在那間禁室中，我發現幾本不同年代的燕京大學畢業紀念冊。這些紀念冊提供了我著手編輯東海大學第一屆畢業紀念冊的藍圖，就連紀念冊後面的廣告，也提醒我們可以照樣的去做。結果廣告的收入，

不但足以支付全部的印刷費用，尚有結餘用在其他畢業活動上。然而，最讓我印象深刻的是，那時的燕京大學畢業生，在畢業留言裡，一而再的提及對校園中未名湖的懷念，在他們那個年代，畢業後的展望是暗淡悽慘的景象，國破家亡、日本人的燒殺姦淫正在等著他們，畢業後大家四處流浪逃亡，沒有前程可言，這時他的安慰，恐怕只有對四年大學教育上未名湖的永遠的懷念了。由他們對這未明湖的懷念之詞中，我可以感覺到他們在忍受這些苦難時，永遠都有一個精神上的支柱，那便是對「科學」和「民主」的追求，和對中華民族前途的信心。

在不知不覺中，我發覺自己也和他們一樣，對這未名湖有著永遠的懷念，並且也在不知不覺中，背起了這中國知識分子的十字架。

過去三十多年中，我曾經有機會拜訪了許多國內國外的著名湖泊，像杭州的西湖、無錫的太湖、台灣的日月潭、大貝湖、日本的富士五湖、中禪寺湖、美國的五大湖、歐洲阿爾卑斯山麓的千思湖、中美洲的阿鐵朗湖等，然而記載在燕大畢業紀念冊中的未名湖，卻是我念念不忘的湖泊。因為這個湖象徵了近代中國的新生及苦難。

1995 年 5 月，北京大學藝術研討組的彭吉象教授邀我在暑假開學後，到北京大學為廣告專業的學生報導「美國廣告藝術發展史」。他告訴我北京大學將招待我住在校園內的勺園賓館。9 月 18 日，我和內人抵達勺園。第二天清晨彭教授帶領我們一同參觀北大校園，從勺園賓館穿過一片草地，走進森林覆蓋的小山，忽然展現在我們面前的是一

處幽靜文雅的小湖泊。這就是在那個動亂的年代給無數青年思念，也是卅年來我所渴望一睹的未名湖。那個晚上我思潮起伏，久久不能入眠。

我想到在遙遠的太平洋彼岸，每當春雪在深山裡開始融化的時候，必有成千上萬的鮭魚成群結隊的由太平洋迴逆洶湧的河水，躍過險灘，飛上瀑布，盡力的向上流挺進，沿途還得經過那些漁人所佈的網羅，地上有熊，天上鷹的爪牙在等待著，然而，這些都不能改變鮭魚的意志，仍然不顧一切的向前衝進，他們的目的只有一個，那就是在他們出生的地方，產下他們的下一代。讓他們的下一代，也能見識江河的風雲擊盪，及太平洋的烟波浩瀚，讓他們的下一代，也有一個海闊天空的將來。

那個晚上，我爲自己慶幸，因爲我是一隻幸運的小魚，終於回到了我們近代文化的源頭。

C3 九寨溝之旅與紅軍長征重疊的回憶 — 松潘、毛兒蓋、與九寨溝的傳奇

去年六月中，我們這群由美國自己組成到四川的旅行團，旅行的目的地是旅遊勝地的九寨溝，我們的行程與1935 年江西紅軍二萬五千里長征時經過的川北路線，都屬於現在松潘阿垻藏族羌族邊遠地帶。香港「雅苑出版社」1982 年出版的最新標準中國全圖，在四川省的西北方與甘肅接壤的松潘附近，有毛兒蓋、包座、巴西等的地名。然而，2001 年 5 月，「成都地圖出版社」第二版的九寨溝，黃龍旅遊圖，在阿垻藏族羌族自治州中，卻找不到這些地

名。爲什麼在最新的地圖中取消這些地名，是個令人不解的問題。

2001 年 6 月 14 日午後七時，我們這個十一人組成的旅行團，由湖南的張家界抵達成都機場。來接機的地陪是一位典型的四川紳士小龔。從機場到成都最繁華熱鬧地區的「皇冠假日賓館」的路上，他以一口標準的普通話，用四川說書人特有的口吻，娓娓動聽的介紹成都的景色。印象中比較深的是，在經過一個大廣場時，他指著廣場中央巨大的毛澤東塑像說：「老先生在這裡向大家招手已經站了二十多年，非常的辛苦，同時又擋住了各方的交通，所謂好人不擋路，於是有人建議把這塑像搬個家，但是找來找去，就是找不到應當放在那裡。」他的幽默引起大家的哄笑。

第二天一大早，我們在小龔的領導下，登上了新從韓國進口去九寨溝的專用小旅行巴士。他說，由成都去九寨溝要花上整天的時間，並發給大家這次九寨溝旅遊的行程及地圖。在這個最新的地圖上，我也找不到毛兒蓋的地名。因此我問小龔，毛兒蓋離這裡有多遠，他以驚奇的眼光看我，並告訴大家，他做地陪這麼多年，從來沒有人提過這問題，現在居然由國外回來的客人提出，是不可思議的事情。然後他簡單的介紹毛兒蓋這地方的歷史。

當年，「紅一方面軍」由毛澤東率領，從江西蘇區突破國民黨的包圍，經過湖南、廣西、貴州、雲南，搶渡瀘定橋後，進入四川西北的兩河口，在此他與張國燾領導由湖南、湖北蘇區抵達川北的「紅四方面軍」會師後，在毛兒

蓋進行了一次極重要的軍事政治會議。小龔說，我們會在
路上經過一個紅軍的塑像，就是為了紀念這次的歷史事
件。其實，早在 1970 年代，由台灣出版，蔡孝乾著的《江
西蘇區，紅軍西竄回憶》這本書中，曾經詳細的記載著我
們這次旅遊目的地松潘這一帶的景色，及當時的狀況。凡
讀過這本書的人，大概都不會忘記毛兒蓋這地名對近代中
國命運的決定是如何的重要。蔡孝乾是 1950 年代，國民黨
的特務組織在台灣所破獲的最重大的中共地下組織，被捕
而加入國民黨。我們來看看國民黨的特工領導人葉翔之將
軍，在這本書的序中，介紹蔡孝乾是怎樣的一位人物。

　　「本書作者蔡孝乾先生，早在日人占據台灣時期，即
參加共產組織。1928 年，擔任台灣共產黨中央委員兼宣傳
鼓動部長；1932 年，進入中共江西蘇區，任偽中央蘇區反
帝總同盟主任；1934 年，朱毛紅軍在我國軍圍剿下撤離蘇
區時，隨中共「紅一方面軍」西竄；1935 年，抵達陝北蘇
區；1936 年，任偽蘇維埃中央政府內務部長；1937 年，調
任八路軍總政治部敵軍工作部長；1946 年，任中共台灣省
委書記；1951 年，拋棄共產投效國家，參加反共鬥爭行列。」

　　在這本書第二部分「紅軍西竄回憶」第拾章第五節準
備過草地中，他這樣寫下：「八月中旬（1935 年）我跟第
三軍團光頭部隊從蘆花出發，經三天抵達毛兒蓋，我們在
這裡有幾天的休息，整理行裝，準備乾糧，向草地前進，
毛兒蓋在松潘西北，是個有四百多家藏民的大部落，中共
中央在這裡又召集了一次政治局擴大會議，議題仍然是當
前紅軍的戰略方針問題，這次會議實際上是兩河口會議的

延續。兩河口會議爭論的問題，在毛兒蓋會議上展開了更劇烈的爭執與鬥爭。爭論的焦點是：毛澤東主張北進到陝甘邊區去，張國燾則主張在川康邊界開創新的根據地。會議採納毛澤東的意見，決定走過草地，擺脫國軍的包圍和追擊。」從這段描述中，我們清楚的看到，由於這次的會議，毛澤東與張國燾終於分道揚鑣，也促成了以後張國燾的覆滅，及毛澤東的興起，與中華人民共和國建立的命運。

我們的旅行團由成都市向西北方的都江堰出發，這一段公路經過的地方是四川最富饒、物產豐盛、田疇工廠密布，號稱天府之國的成都平原。過了都江堰，群山漸漸逼近，公路沿著岷江溯江而上，只見江水洶湧，浪濤滾滾，山高谷窄全無舟楫可渡，不久就進入了阿埧藏族羌族自治州的範圍，中午我們在茂縣的一家餐廳休息午餐，餐後繼續沿江而上，此時車中靜極，多已進入夢鄉，不久引擎沈重的喘息聲，驚醒了大家的睡意，只見汽車沿著一座高峻險惡的大山盤繞而上，岷江這時已落在遠遠山下極深處成了細細的小水溝。最後我們到達一處標高三千多米高的藏民小村休息，從這裡向下看，才知道為什麼我們要爬這麼高的大山。1933 年，岷江因地震形成山體滑落，把江水裁成兩層，形成自然的兩疊大湖。此時我們團中這些由美國回去的太太們，都因如廁問題叫苦連天，有的甚至說，進入藏民的廁所幾乎昏倒。上車後小龔告訴我們下一站是松潘古城。他說，抗日戰爭時期，日軍的飛機偵察到國軍正在城外修建飛機場，就飛來轟炸，結果把古城炸得只剩下一座城門，他說，下午可以讓我們在古城稍作逗留。但是，

沒想到不久大雨傾盆，經過松潘時，只能霧裡看花。小龔說，回程時一定停下讓我們為古城拍照留念。過了松潘不久，車子就進入高原區。在六月初夏的夕陽裡，只有遠在天邊，才能看到白雪皚皚的山頂，小龔這時在車上為我們介紹藏人的水葬風俗。我不經意的在遠處山腳下發現有一座手中握著槍枝的士兵塑像，孤零零的站在荒原裡。我想這一定就是紀念紅軍長征經過毛兒蓋穿過草地的地方吧！

〈九寨溝黃龍旅遊簡介〉中，有一段：「從成都前往九寨溝，途中可經過川西北最美的高原牧區，紅軍長征時曾走過的紅原大草原。在遼闊的紅原大草原上，舒緩起伏的草地，神祕而寧靜地舖到天之盡頭，草地上彎彎曲曲的河流，河岸邊炊烟裊裊的藏式帳篷，共同組成一幅如詩如夢的畫面。」但是蔡孝乾在他的「紅軍西竄回憶」第拾壹章，從毛兒蓋到巴西裏，卻有這樣高原草地的描寫：「毛兒蓋會議後，由『紅一方面軍』一部，和『紅四方面軍』一部組成的第一梯隊，於八月下旬從毛兒蓋出發，向著松潘西北千里茫茫，人跡罕至的草地前進了。草地，到當時（1935年）為止，一直是世界地理學者的一個謎，找不出可以註明這一塊神祕地區的地文地圖。我在毛兒蓋時，曾與『通司』及幾個藏族青年攀談，看能否在與他們反覆的談話中，獲得一些有關草地的情況的資料，結果大失所望，他們對於草地的知識也僅限於道聽途說的不可靠的傳聞」。第三六九頁，他寫下「我們已經走了四天，三夜露營，白天，腳始終泡在爛污的泥淖裡，夜晚說不上有什麼睡眠，尤其是無時不在飢餓中掙扎，臉上是可怕的蒼白，身上是濕淋淋

的衣服，背上是不堪荷負的重擔，眼睛凹下去了，大家只有一個心，迫切地期待著趕快達到草地的終站—班佑」。第三六七頁，「由於長期行軍，給養不繼，士兵們的體力一天一天地下降，有的士兵在冰凍的雪山倒下去；有的在藏民區敵不過飢餓的威脅倒下去；現在茫茫的草地，又把許多紅軍士兵吞噬了」。看看這兩種對草地高原不同的描寫，相隔僅僅六十六年，對草地的觀感是多麼鮮明的不同和感受！

　　傍晚時分，我們的車子由高原區下降至一千二百米的山谷中，小龔說，這裡就是岷江及嘉崚江分水嶺的九寨溝地界。不久，車子進入燈火輝煌，夜市繁華的新市區。最後，車子停在落成不久，美倫美煥的皇冠假日賓館前，等著我們的是一頓精美豐盛的晚宴。餐後大家一同去看了一場藏族青年表演的歌舞節目。這是一場不論場地的佈置，燈光的調控，歌舞的編排，都極為出色的演出，讓人意想不到的是，在這麼偏遠的山區，竟然如身在上海、紐約等大都會才能觀賞得到的節目。

　　九寨溝旅遊區的發展，據說是由一隊找木團對當地出色風景的傳聞，吸引了一位香港攝影愛好者的探訪，隨著他發表在《紐約時報》上的圖片文章，引起了國內外轟動的旅遊潮流。

　　第二天一早，我們由皇冠假日賓館出發，進入旅遊區，在這裡我們必須換乘區內專用污染較少的大小巴士。就在入口處橫著一條水流湍急的溪水，小龔說，這就是嘉崚江的源頭。抗戰時期，我曾在嘉崚江邊的北培乘民生公司的

小輪船，沿江北上，到合川的國立二中上學，當時感覺嘉陵江真是一條浩浩蕩蕩，風光明媚的大江，誰能想到五十多年後，自己竟然站在這條大江的起源地！人生的機遇真是不可測度的哦！

　　九寨溝是由兩條並行的山谷及九個藏族的山寨組成。所謂溝，當然是兩條大山中間的谷地。區內的景點是由谷地中，地形的高低寬狹，形成了大大小小的湖泊及瀑布淺灘所形成。六月中旬正是氣候清爽，山青水綠，山頂的白雪倒映湖水中，湖水清澈見底，游魚成群，水面如鏡，天光水色確是人間少有的佳麗景色。我們的行程在九寨溝有三天的逗留，有足夠的時間遍遊各處景點。回程時，我們在一處藏寨小憩，參觀佛寺購買紀念品，到松潘時，小冀讓我們對這邊疆明代僅存的古城拍照紀念。6月23日，由都江堰回到成都時，電視上正在播放中共建黨八十周年的特別節目。這些節目多半是傳播全國各地為中共建黨八十年的各項傲人的成就，及各地各民族張燈結綵，喜慶狂歡的場景。回想起我們這一趟旅遊所經歷的澎湃洶湧的大河、險峻的山嶺雪峰、高寒朔風呼號的草原，誰又能想像得到，那些已被湮沒的往事及地名就在這裡。六十六年以前，二萬多的殘兵敗卒，拖著疲倦飢餓的身軀，背負著不堪荷負的重擔，奔向一個完全不可知的未來，就是這些窮途潦倒不幸的人群，卻創造了一個近代中國的奇蹟！

編後語

　　把二、三十年前的評論整理成書出版，首先，自己要問的問題是：有沒有這個需要？經過瀏覽重讀這些陳舊的文章，引起我一些極深的感慨。二、三十年前的新聞，如今仍然是新聞！例如：1992 年刊登在台灣《商業周刊》第225 期（3 月 15 日）〈美國已現大蕭條徵兆〉，當時美國共和黨總統雷根（Ronald Reagan）（第四十任總統，1980-1988）所進行的取消管制（Deregulation）所種下的禍根，一直要等到 2008 年的 8 月，紐約金融海嘯發生後，才由執全球經濟報導首席的英國《經濟學人》雜誌（The Economist）宣布 Deregulation 就是這次引起全球金融災難的禍首，整整十七年過去，才有了定論。

　　其次，重印這些文章，也給我釐清一些文章被轉載，被盜用的機會。1970 年 10 月，我為紐約的留學生刊物《聯合季刊》採訪了在紐約的年輕畫家韓湘寧，這篇〈韓湘寧鍾才璇夫婦談紐約藝壇〉，後來經過韓湘寧的轉告，曾經被轉載了兩次。1993 年《紐約時報》記者尼可拉斯·克利斯朵夫（Nicholas Kristof）寫了一篇極具煽動宣傳的文章，內容是中共正在擴充軍備，引起亞洲國家的不安。針對他的說法，我引用兩位學者著作的兩本書挑戰他的猜測，一本是美國著家麥卡文（James McGoven）寫的《直抵鴨綠

江》（*To The Yalu*），另外一本是英國著家馬克威爾（Neville Maxwell）寫的《印度的中國之戰》（*India's China War*）。我寫的文章標題是「中共的軍事擴充與邊界衝突」。目的是報導中共擴充軍備是爲了保衛自己，沒有侵略他國的企圖。這篇文章還沒有完成，尙欠中印之戰的部分，就被許嘉惠盜用，以其筆名許曉愚投稿於台灣《商業周刊》第 273 期（1993 年 2 月 15 日）上，標題竟然是「中共是否會武力犯台？四十年的歷史告訴我們答案」。

　　第三，有些推測得經過時間的演變，才能突顯其真貌。1998 年 11 月 2 日「紐約觀察站專欄」的〈基金集團元氣大傷，美國恐經濟倒退〉中引用蕭比特所倡言的「創造性的破壞」（Creative Destruction），他形容全球金融體制必須大崩潰，然後才能重新開創新局面。賽藍提在他寫的「懦夫的資本主義」中結論是「在這接近二十世紀末的時代，新的經濟法則將重寫資本主義的原則，並將爲不太自由的自由市場打下基礎。」「過度發熱的市場，現在將到盡頭，並且不可能被強迫推回繼續成長的模型。這蔓延世界性的情況，也許可以用錢幣政策的特效藥暫時壓制下去，但是，當危機再度爆發的時候，其結果將是無藥可治，不可挽救的局面。」這些恐怖的預言描寫，豈不正是我們現在十一年後的今天，全世界經歷過金融海嘯，股票市場雪崩後所面對的現實環境哦！